Anne Funk

# Ein Jahr auf Ibiza

Anne Funk

# Ein Jahr auf Ibiza

## Reise in den Alltag

HERDER

FREIBURG · BASEL · WIEN

MIX
Papier aus verantwortungsvollen Quellen
FSC® C017859
www.fsc.org

Originalausgabe


www.herder.de

Umschlagkonzeption: Agentur R·M·E Roland Eschlbeck
Umschlaggestaltung: Verlag Herder
Umschlagmotiv: © Getty Images

Satz: Dtp-Satzservice Peter Huber, Freiburg
Herstellung: CPI Moravia Books, Pohorelice

Printed in Czech Republic

ISBN 978-3-451-06236-0

*Für Patrick – Liebe meines Lebens*

Diese Geschichte hat sich so
oder so ähnlich zugetragen.
Einige Namen wurden geändert,
einige Daten, einige Details.
Was bleibt, ist echte Sehnsucht, echte Liebe,
echte Erfahrung.

# Inhalt

# prólogo

„ANNE FUNK MACHT TABULA RASA!“ Mein Facebook-Eintrag an diesem schwül-heißen Juli-Abend war folgenschwer: Ohne meine Pläne im Detail preiszugeben, wollte ich ein Statement an die Öffentlichkeit abgeben. Eines, das meinen Alltag reinigt wie das Gewitter, das sich draußen ankündigte. Wie man in Sachen Liebe Schluss macht, eine Freundschaft beendet, von falschen Idealen ablässt – das alles hatte ich bis dato in meiner 29-jährigen Lebenskarriere gelernt. Aber ich wollte, so kurz vor der Dreißig, von einem anderen Alltag kosten. Ein Jahr auf Ibiza – quasi als Tapas, die mir wieder mehr Appetit auf das Menü meiner Vita machen sollten.

Zwei Jahre und vier Besuche zuvor hatte meine verhängnisvolle Affäre mit der Insel begonnen. „Wir müssen hier mal raus, und wenn es nur für eine Woche ist!“, beschloss mein Freund P. damals. Und ich machte mich zwischen Redaktionsalltag und Magisterarbeit auf die Suche nach einer passenden Destination für den Tapetenwechsel. Sardinien, Portugal oder Korsika kamen in die engere Auswahl. Aber alle kurzfristigen Angebote überstiegen unser Budget. „Wie wär’s mit Ibiza?“, schlug ich vor – überrascht von meiner Initiative, da ich Balearen-Urlauber bislang in zwei Kategorien unterteilt hatte: die Ballermann-Billigtouristen und die betuchten Finca-Touristen, die ganz in Weiß gekleidet zwischen Strandclub und Agroturismo-Bleibe fernab von Palma de Mallorca lustwandelten. Beides war für uns ausgeschlossen – aus ästhetischen beziehungsweise finanziellen Gesichtspunkten. „Für 320 Euro eine Woche Ibiza mit Flug und Hotel", das beruhigte zumindest mein monetäres Gewissen („Viel falsch machen kann man ja da nicht"). Und die Aussicht, die Strand-Tage in Club-Nächte zu verwandeln, ließ uns alles andere als kalt.

* * *

„Guck mal, da hinten ist Es Vedrà. Das Inselchen ist ein spiritueller Kraftort – da muss ich hin!", rüttelte ich P. bei der Landung auf der weißen Insel wach. Der schielte verschlafen zuerst in Richtung der kargen Felsspitze vor Ibiza, die ich ihm aus der Vogelperspektive präsentierte. Und dann, doch etwas skeptisch, auf mich – denn seit einigen Monaten war ich damals auf einem Esoterik-Trip und wollte auf der sogenannten magischen Insel mit Yoga beginnen. Doch dann verzauberte uns Ibiza tatsächlich: Den Clubs hatten wir schon am ersten Abend abgeschworen, nachdem wir die Opening-Party des Privilege erlebt hatten. Rund 10 000 Gäste fasst der größte Club der Welt, und zur Saison-Eröffnung schien sich unter diesen zehntausend kaum jemand zu finden, der seine Laune nicht chemisch gepusht hätte. Wir blieben zwei Stunden.

An den darauf folgenden Tagen entpuppte sich die nur 572 Quadratkilometer kleine Insel als viel zu facettenreich, als dass sie und ihre Gäste in eine meiner Schubladen gepasst hätten: Da waren die Festland-Spanier, die wie die Engländer (Letztere residieren zumeist in ihrer

Hochburg San Antoni im Westen der Insel) kommen, um die Sommerresidenz der weltbesten DJs zu zelebrieren. Da waren die Familien mit Kindern, die das klare Wasser, die sauberen Strände und die vielen Aktiv-Urlaub-Angebote pauschal nutzen. Da waren die Jugendlichen, die, gerade der Pubertät entschlüpft, in einem Cluburlaub einen Party-Trip mit wenig Schlaf und allen Freiheiten suchen. Da war der Jetset, der mit Organic Food, Yoga und Yacht der Vida Loca fröhnt. Da waren die Individualisten, die ebenfalls mit Yoga (allerdings ohne Yacht) in einem sogenannten Retreat (eine Art Rückzugsprogramm aus dem Alltag) ihrem neuen Ich auf der Spur waren und dafür meist im ruhigen Norden der Insel Erfüllung finden. Ganz zu schweigen von jenen, die die magische Insel als Lebensmittelpunkt auserkoren haben und zu denen ich später noch kommen werde.

So unterschiedlich die Motive der Ibiza-Gäste sind, so abwechslungsreich waren damals unsere Tage. Und wir kosteten vom organischen Essen (man könnte es auch orgiastisch nennen, denn die Vorstellung, gesund und köstlich zu essen, löste in mir als Genussmensch rauschhafte Zustände aus) und ließen einen Tag auf einem weißen Daybed mit Cocktails und Blick aufs Meer in einem der Beach-Clubs verstreichen. Ergötzten uns beim Hippie-Nachtmarkt an Räucherstäbchen, Tuniken und Vollwert-Cookies. Tanzten zu den Trommeln, umringt von Feuerspuckern, beim sonntäglichen Happening am Benniras Beach. Und erkundeten die Spuren der Piraten in Ibizas Altstadt, Dalt Villa.

* * *

Als wir schließlich an Es Vedrà angekommen waren, schien sogar mein Freund in den Bann der Mythen und Legenden um das Inselchen geraten zu sein. Denn als ich ihn dabei ertappte, wie er bunte Steine am Strand sammelte, gab er wie selbstverständlich zu, dass er doch eine Art Strahlkraft spürte, die dieser Felsen aussendete. An meinem Geburtstag schließlich schickte mein Vater mir eine Mail: „Vive le jour où tu es née. Laisse entrer le soleil dans ton cœur!“ (Es lebe der Tag, an dem du geboren bist. Lass die Sonne in dein Herz eintreten.) Wir kommunizierten in Herzensdingen immer auf Französisch. Er hatte gespürt, wie gut mir, die noch vor der Abreise müde, gestresst und ein wenig orientierungslos war, diese Insel tat. So wie mein Vater mein Seelenverwandter war, so war diese Insel in sieben Tagen eine Art Seelenheimat geworden.

Ein Gefühl, das mich damals schlichtweg überrumpelte – konnte ich diesen Bann doch logisch nicht erklären. Gut, da waren das Meer, das Klima, der Urlaub fernab vom Alltagsstress. Aber es gab gleichermaßen etwas, das mir genau entsprach, das mich, die viel zu viel in der Vergangenheit kramte und für Zukunft und Karriere malochte, einfach ich selbst sein ließ, so, wie ich war – in jedem Augenblick.

Als unser Flieger abhob, musste ich weinen. (Das letzte Mal hatte ich zum Urlaubsabschied mit acht Jahren in der Bretagne geweint und auch nur, weil ich meine Strandfreunde verlassen musste.) Zurück in der deutschen Heimat ließ mich das Gefühl nicht los, und ich bekam Sehnsucht – so sehr, dass ich meine Freundin Madeleine schon drei Monate später überredete, wieder mit mir eine Woche auf der magischen Insel zu verbringen.

Es folgten zwei weitere Besuche im darauffolgenden Jahr. Und mit jedem Mal Ibiza, mit jedem tieferen Eintauchen, mit jeder Begegnung mit den Menschen vor Ort, den gebürtigen Einwohnern, den Aussteigern und den Althippies, wuchs meine Leidenschaft für diese Insel. Ich wollte einfach dort sein. Nicht nur drei Wochen im Jahr. Immer wieder hatte ich überlegt, wie ich das wohl anstellen sollte – und den Traum als „Urlaubs-Schwärmerei" abgetan.

* * *

Aber auf meine erste Ibiza-Begegnung folgten Erlebnisse, die mein Wertesystem ziemlich ins Wanken brachten: Als mein geliebter Vater schon wenige Monate nach meinem ersten Mal auf Ibiza verstarb, hatte mein Leben fortan wenig gemeinsam mit dem der jungen Frau, die, behütet aufgewachsen, Studium, Volontariat und Redaktionsleitung gleichzeitig meisterte, die zwischendurch auf hippen Partys unterwegs war, gute Freunde hatte – und doch nicht so richtig wusste, wohin mit alledem.

Ich brauchte vor allem Zeit, Ruhe, Rückzug, nachdem mein Vater gegangen war und ich nicht begreifen konnte, dass in meinem sicheren Leben wirklich so etwas passieren konnte. Dass ein Mensch einfach todkrank ist, stirbt und niemand, nicht mal ich mit meinem großen Lebenshunger und Ehrgeiz, etwas dagegen tun konnte.

Ich zog mich zurück, arbeitete still vor mich hin, lernte nachts für meinen bevorstehenden Studienabschluss, mied Freunde, Bekannte und erst recht Partys – zwei Jahre lang. Wenn ich zwischendurch auf der Insel war, fühlte ich mich geborgen wie zu Hause nie: Da waren die

Arbeit, die erledigt werden wollte, die Wohnung, die aufgeräumt werden wollte, die Freunde, die nichts so recht mit mir anzufangen wussten, und meine Mutter, der ich beistehen wollte. Alles kostete mich unglaublich viel Kraft, und ich fragte mich ernsthaft, ob ich irgendwann wieder richtig herzlich lachen könnte. Und doch, ich konnte, nach einiger Zeit – und wieder war es auf Ibiza. Ich weiß schon nicht mehr genau, warum, aber P. und ich saßen am Strand, erzählten und ... schwupps, da war es, mein viel zu lautes, schallendes Lachen von früher – weil das Leben leicht war ...

Damals bin ich erschrocken – über mich selbst –, aber ich wusste, dass es gut so war. Noch am selben Tag kauften wir ein Bild: Das Bild zeigte eine aufgehende Hibiskusblüte und war ganz in Gold, Weiß und Rot gehalten – meine Lieblingsfarben. Es war das erste Bild, das Elli, eine Auswanderin und inzwischen gute Freundin, bei der wir auf Ibiza wohnten, vor dreißig Jahren gemalt hatte, als sie auf die Insel kam.

Schon von der ersten Begegnung an hatte sie mich fasziniert – eine starke Frau, die auf der Insel viele menschliche und finanzielle Enttäuschungen erlebt hatte und doch nicht von ihr lassen wollte. Ihren Frust malte sie weg, was man ihren Bildern nie anmerkte, weil sie zarte, geschwungene Linien, wunderschöne Symbole und leuchtende Farben vereinten. So ein Hoffnungsmacher-Bild war auch ihr erstes Werk auf Ibiza. „So wirst du auch wieder aufblühen!“, dachte ich mir damals und deutete auf die pralle Hibiskusblüte.

* * *

An jenem Juli-Abend, an dem ich mein Tabula-rasa-Vorhaben verkündete, saß ich in unserem Wohnzimmer und hatte das Bild lange betrachtet. Da wusste ich, dass ich recht hatte. Ich hatte wieder ein Ziel. Und obwohl meine Lieblingsblume landläufig eher als Hawaiiblume durchgeht, war sie für mich mit ihren leuchtenden Farben, dem Stempel, der an ein schmuckes Zepter erinnert, und ihren zarten Blüten ein Symbol für Ibiza geworden. In China gilt der Hibiskus als „Symbol für Ruhm, Reichtum und Pracht sowie für die sexuelle Anziehungskraft eines jungen Mädchens", so wenigstens verrät es uns Wikipedia. An sich schon keine schlechte Prophezeiung – für mich war sie mehr als das, pure Lebenslust. Ich wusste, ich will dort sein und mich wieder öffnen, wie die Hibiskusblüte das jeden Morgen tut, wenn die Sonne aufgeht. Wieder eine Prise Exotik in mein Leben bringen, das in der südwestdeutschen Provinz rund um Saarbrücken eine Spur zu statisch geworden war.

Eine gute Idee, denn die Schnittmenge zwischen Ibiza und Saarbrücken scheint auf den ersten Blick dürftig: Googelt man die Begriffe gemeinsam, rangiert auf Platz eins der Suchergebnisse ein Swingerclub namens Ibiza in Saarbrücken.

Ich schob mein MacBook zur Seite und beschloss, die Sache professioneller anzugehen: Ein Projektplan musste her! Ich schnappte mir das dicke Notizbuch mit dem üppig verzierten Ledereinband, das ich beim letzten Ibiza-Urlaub auf dem Hippiemarkt ergattert hatte, und notierte zunächst alles, was mir in den Sinn kam: Ibiza-Kontakte (Uli, Jerome, Selina ... und ...?) anschreiben, Spanisch lernen, Dauerauftrag auf mein Sparkonto, Gültigkeit Ausweis prüfen ... und, und, und. Die Liste war lang und wirr –

aber ich wollte mir noch ein halbes Jahr Vorbereitung gönnen. Schließlich sollte ich nicht wie einer der Rückwanderer enden, die im TV für Top-Quoten sorgen.

Als ich auf die Uhr schaute, war es zwei Uhr nachts. Aus einem schwül-heißen Juli-Abend, der mit einem Facebook-Posting und einem Blick auf die letzten beiden Jahre begonnen hatte, war eine Vision geworden. Das Gewitter hatte sich längst verzogen, die Luft roch wieder frisch, und ich wusste, dass die Reise längst begonnen hatte.

# April

Meine Aufbruchsstimmung seit jenem Juli-Abend hatte sich zu einem tosenden Sturm entwickelt und alles hinweggefegt, was nicht mehr in mein Leben gehörte. Auch die schönen Gewohnheiten. Und so begab es sich, dass, nachdem ich Job und Wohnung gekündigt hatte, auch mein Mann mir kündigte. Was blieb, waren eine Handvoll treuer Freunde und meine geliebte Hündin Mona.

Noch Wochen zuvor hatte ich mir den Kopf zerbrochen, wie Beziehungskitt über 1500 Kilometer funktioniert – eine kostspielige und fragwürdige Angelegenheit.

Und so kam mit dem Frühling die Leichtigkeit zurück, und ich konnte ohne Herz-Schmerz-Ballast in mein Inselleben starten.

Ohne? Na ja ... nicht ganz. Denn praktischerweise hatte ich noch vor dem Abflug mein Herz verloren – im Saarland. Zwar wäre der Typ rein optisch auch locker als Ibicenco durchgegangen, und auch sein Charme und Esprit strahlten eher südländisch als saarländisch. Aber: Er wohnte schlicht am falschen Ort.

In meiner alten Heimat, die nicht mehr zu meiner neuen passte. Aber ich konnte nicht widerstehen. Es war Liebe auf den ersten Blick. Als ich ihn traf, war urplötzlich ein Stück von meinem riesengroßen Fernweh gestillt. Ich fand ein Stück neue Heimat in meiner alten. Und auch wenn wir sehr unterschiedlich waren, wirkte Patrick seltsam vertraut.

Immerhin kannte ich ihn – schon drei Jahre zuvor war ich Patrick sozusagen „ins Netz" gegangen. Auf einer Online-Plattform, die Business-Kontakte vernetzen soll und die ich für die Online-Redaktion, in der ich arbeitete, testen wollte. Nicht wissend, dass der Kontakt sieht, wenn ich seine Seite besuche. Also war ich bass erstaunt, plötzlich eine Nachricht des Beau, den ich im Netzwerk einer Freundin entdeckt hatte, in meiner Mailbox zu finden. Sie lautete sehr charmant etwa so: „Hey, was machst du auf meiner Seite?! Kennen wir uns?"

Ich konterte: „Klar, aus der Stadt!" – Wohl wissend, dass es in einer pittoresken Stadt wie Saarbrücken, mit überschaubarem Nachtleben, mit Sicherheit so sein musste.

Natürlich hatte ich, vertrauensselig, sämtliche Kontaktdaten samt Handynummer auf dieser Plattform hinterlassen. Sodass Monsieur mich prompt ein paar Tage später zum Kaffee ausführen wollte. „Bisschen plump, oder?", dachte ich mir und war doch geschmeichelt. Aber auch vernünftig: Was, wenn der Typ mir wirklich gefiel? Immerhin steckte ich in einer damals noch glücklichen Beziehung. Also wimmelte ich ihn ab – „Stress, sorry, ein andermal gerne".

Drei Jahre später – und frisch getrennt – entdeckte ich ihn auf Facebook. Eine Freundin kommentierte seinen unfreiwilligen Auftritt am Tatort-Set, in das er versehentlich als Passant hineingeplatzt war und den Dreh vermasselte. Mein Glück! Mein „Like"!

Also wies ich ihn darauf hin, dass noch ein Kaffee aussteht. Motto: „Ich bin solo und eh bald weg, was soll der

Terz!?" Wir verabredeten uns beim Thai für die darauffolgende Woche.

Schon zuvor hatten wir stundenlang gechattet, und ich erzählte von meinen Ibiza-Plänen und dass ich gerne meinen dreißigsten Geburtstag im Juni mit ihm dort verbringen würde. So forsch kannte ich mich nicht, aber ich hatte dieses Nach-mir-die-Sintflut-Gefühl, das alle jene haben, die den schalen Beigeschmack hinter sich lassen und aufbrechen zu einem großen Traum – zu einem neuen Job, einem neuen Land oder einer neuen Liebe.

„Ich bin dabei!", so seine prompte Antwort. Und ich wusste: Mit diesem Mann ist alles möglich! Zum ersten Date begleitete mich mein Anstandswauwau Mona. Die Mischlingshündin hat eine untrügliche Menschenkenntnis. Eine echte Nase!

Noch bevor ich „Hallo" sagen konnte, war sie auf seinen Rücksitz gehüpft (kein Mäkeln seinerseits!!!) und küsste ihn. Eine offenherzige Geste, die sich mir erschloss, als ich ihn sah – die ich mir aber verbot! Einige Gläser Wein und einen fantastischen Abend später erlaubte ich es mir auch, meine Gefühle ebenso unmissverständlich klarzumachen wie meine flauschige Gefährtin. Es war beim Kuss geblieben, und ich beeilte mich, die Stufen zu meiner Wohnung so zu erklimmen, dass er nicht merkte, dass ich völlig hin und weg war.

Einige Tage später – das Herzflimmern war nur noch größer geworden – kam der Tag meiner Abreise nach Ibiza. Ich wollte keinen großen Bahnhof – nur ihn am Flugsteig. Mona wartete geduldig in ihrer Flugreisebox. Und ich wusste nicht mehr, wohin ich gehörte. Kopf dort, Herz hier.

Kurz bevor meine Großmutter starb, gab sie mir einen wichtigen Hinweis: „Das Leben ist wie ein Karussell. Manchmal dreht es sich langsam, manchmal dreht es sich schnell!" Bei Patricks Abschiedskuss, der keiner bleiben sollte, fiel mir ihr Sprüchlein wieder ein und ich beschloss, das Karusselltempo trotz Schwindel voll mitzugehen. Koste es, was es wolle. Und ich weinte bitterlich, als ich im Flugzeug saß.

* * *

Der Berg an Frauenzeitschriften – mein allseits bekannter Fetisch – konnte mich nicht beruhigen. Aber das Meer. Ich schlief einen kurzen, tiefen Schlaf, und als ich aufwachte, passierten wir gerade die Bucht von Palma. Nur noch einen Inselhopser entfernt wartete mein neues Zuhause. Bei diesem Gedanken sauste das Kopfkarussell nur noch mehr, die Tränen flossen unaufhaltsam, und ich wusste nicht einmal, ob es Glück, Sehnsucht, Vermissen, Liebe oder Unsicherheit war.

Also schob ich meine goldene Pilotenbrille aufs Näschen und blätterte in der *Elle* nach Sommer-Nagellack-Trends. Azurblau und „Schlamm" sollten also Füße und Hände der It-Girls erobern ... Aber ich taugte nicht als It-Girl und blätterte weiter – und da war sie ... meine Insel! Zunächst auf Hochglanz mit Paparazzi-Bildern von Kate Moss und Kylie Minogue. Und dann live und in Farbe. Der Flügel der Maschine reflektiert die Sonnenstrahlen – gleißend in meine Pupillen und mein Herz. „Achtung, hier fängt was Neues an." Spot an! Und dann erkenne ich unter mir die vertrauten Landzungen, Hügel und Städtchen.

* * *

Auf dem Meer der Schaum der Wellen, durchbrochen von Yachten, die eine weiße Gischtfahne hinter sich herziehen.

Wir drehen eine Schleife über das Meer und gleiten an der Küste entlang. Unter uns liegt Bora Bora – der Beachclub mit dem „Tick": Aus der Not der unmittelbaren Nähe zur Landebahn des Flughafens haben die Erfinder kapitalen Kult gemacht. Jeder Jet wird von den Strandgästen winkend und kreischend begrüßt – gern auch barbusig. „Hello Freaks!", freue ich mich, und dann hat sie mich wieder und ich sie ... meine Insel.

Es ist wie das Wiedersehen mit der besten Freundin, mit der man seit dem Studium eine innige Fernbeziehung führt. Man sieht sie lange nicht, man telefoniert nicht – Sorry, Stress! –, und doch ist das Wiedersehen jedes Mal eine emotionsgeladene Erfolgsstory.

Ab dem Moment, an dem du sie siehst, ist es, als seist du nie weg gewesen. Du fühlst dich aufgehoben, Vertrautes empfängt dich, und doch weißt du, dass man sich verdammt viel zu erzählen hat.

Ich hoffe, dass die Passagiere nicht bei der Mittelstreckenlandung klatschen – vergeblich! Die beiden Jungs, Marke „Hey, wir fahren ins Punta Arabi!", denen man vor der Abreise vorsorglich Kondome zugesteckt hat, johlen und zwängen sich mit ihren Abi-2007-Hüten an der welken Jetset-Lady vorbei. Das Pärchen vor mir streitet noch vor Urlaubsantritt, und eine Kate-Moss-Kopie in Sommerstiefeln haut mir ihre Yogamatte versehentlich an den Kopf.

* * *

Als ich aus dem Flieger steige, schlägt mir warmer Wind entgegen, der nach Pinien und Meer duftet. Mit meinen

Koffern bewaffnet stapfe ich los, um Mona abzuholen. Sie ist noch etwas schläfrig von der Bachblütenmischung vor dem Abflug und kuschelt sich an mich. So trotten wir zum Ausgang. „Hier, Liebes!“ Natürlich, diese kristallklare Stimme – sie gehört nur einer. Elisa. Endlich.

Elisa hatte ich drei Jahre zuvor bei meiner zweiten Begegnung mit Ibiza kennengelernt. Wir waren damals auf derselben Finca zum Urlaub.

Sie Yogalehrerin, ich begeisterte Yoga-Anfängerin. Beide Zwilling. Beide lebenshungrig. Es dauerte damals knapp zehn Minuten beim nachmittäglichen Sonnenbad am Pool und wir wussten – das ist Fügung.

Ohnehin war ich damals auf einer Art Esoteriktrip. Die Überzeugung hat die Eso-Phase überlebt. Und so ergab es sich, dass sie zwei Jahre später mit ihrem Mann Kalle nach Ibiza auswanderte und dort ihr eigenes Yogastudio aufbaute.

Die beiden fanden ein Anwesen im Osten, in der Nähe von Santa Eularia, und starteten mit knapp fünfzig einfach noch mal neu.

Hier sollte für die erste Zeit Monas und mein Zuhause sein. In der schnuckligen Casita – einem kleinen Häuschen mit gerade mal dreißig Quadratmetern etwas abseits vom Haupthaus. Mona und ich hüpften zu Elisa in den Jeep. Gib Gas, Baby, hier wartet das Leben!

* * *

Elisas Fahrstil war rasant wie ihre Yoga-Stunden, und so rauschten wir vorbei am Jahrmarkt in Jesus und den Großflächen-Plakaten der Clubs, schnitten enge Kurven und ratterten den Feldweg zur Finca hoch. Ich schob das schwere Eisentor zur Seite. „Felicidad“ – zu Deutsch: Glücksgefühl, Seligkeit – haben die beiden ihren gemauerten Lebenstraum getauft und mit großen Fliesenlettern am Eingang kenntlich gemacht.

Mit großem Hallo empfängt uns Kalle – eine royalblaue Sonnenbrille à la Elton John auf der Nase. Er ist Elisas Gegenstück – lange, grau melierte Locken umrahmen sein Gesicht. Kalle ist Lebemann, durch und durch. Interessierte sich früher leidenschaftlich für Harleys und später für Buddha. „Psychedelisch“ ist das Adjektiv, das seinen Stil am besten trifft, und doch kommt er ohne Yoga aus.

Der Typ Mann, der viel erlebt hat – und trotz Faible für psychedelische Computeranimationen ganz ohne synthetische Drogen auskommt. Im Mundwinkel trägt er als Accessoire stets eine Rosen-Zigarette, so wie andere Leute Kaugummi kauen. „Hola“, begrüßt er mich mit leichtem Akzent. Seine Heimat, den Ruhrpott, lässt er nonchalant durchklingen. Ich schmettere ihm meine Saarland-Version des „Hola“ entgegen, und er drückt mich feste – herzlich! „Komm rein, kannste rausgucken“, grinst er mich an, und seine Frau gibt ihm einen liebevollen Klaps auf den gelockten Hinterkopf. Wie gerne hätte ich Patrick jetzt bei mir.

* * *

Ob wir in zwanzig Jahren auch so hier stehen? Seit ich Elisa und Kalle kenne, weiß ich, dass es die große Liebe gibt. Genauer gesagt, dass es sie zweimal gibt. Einmal füreinander. Und einmal für ein gemeinsames Herzensprojekt, das gewachsen ist. Eines, das verbindet. Trotz aller vermeintlichen Unterschiede zwischen den beiden. Und dieses Projekt heißt „Ibiza – mit all seinen Facetten".

Es gibt wenige Orte auf dieser Welt, die auf so wenigen Quadratkilometern so viele scheinbare Gegensätze vereinen. Ibiza ist mit seinen 572 Quadratmetern die Insel der Reichen und der Hippies, der Party-People und der spirituellen Om-Gemeinde. Sie alle haben ihre Lebensentwürfe. Sie alle sind Be-Sucher eines magischen Fleckchens Erde. Sie alle sind auf der Suche – genau wie ich.

„Zwischen den weißen Häusern dieser Insel findet man den Sommer seines Lebens. Ich würde für immer hierbleiben." So beschreibt der Philosoph Walter Benjamin seine erste Begegnung mit Ibiza in einem Essay von 1932.

Schon in den Dreißigern war Ibiza unter Dichtern und Denkern en vogue – lange bevor der internationale Jetset seine schillerndes Ibiza-Wunderland kultivierte: Albert Camus etwa schwärmte bei seinem ersten Ibiza-Besuch, er habe die „Idee der Langsamkeit" entdeckt. Aber kraftvoll und ein wenig unwirklich, wie das Eiland dann und wann schimmert, nährte es auch Surrealisten wie Jacques Prévert mit traumhaften Ideen.

Ich halte es mit Benjamin: Auch ich würde für immer hierbleiben. Aber könnte ich es auch? Dass Ibiza unerbittlich und anstrengend sein kann, wusste ich von meinen Freunden, die sich hier niedergelassen hatten. Die einen kamen und gingen wieder. Nur um dann nach fünf Jahren wiederzukommen und für immer zu bleiben. Die anderen wollten nur einen „Sommer ihres Lebens" hier verbringen, und Elisa und Kalle hatten bereits ein Jahr mit Höhen und Tiefen erlebt. Aber ihr Wille und ihre Liebe zur Insel schienen ungebrochen.

Als ich Mona in der Casita versorgt hatte, ließ sie sich erst mal ins frisch gemachte Körbchen plumpsen. Und auch ich war hundemüde und emotionsgetränkt. Das leise regelmäßige Schnarchen meiner Hündin beruhigte mich. Ich beschloss, meinen Schatz anzurufen – und nicht daran zu denken, dass ich ihn sehr lange nicht sehen würde. Ich vermisste ihn unglaublich! Und vermutete, dass auch hier die Insel ihre Finger im Spiel hatte.

Ibiza wirkt wie ein Brennglas auf meine Gefühlswelt – Glück, Trauer, Sorgen und eben auch Liebe loderten hier schnell lichterloh. Ich wählte die „Darlin"-Nummer und hörte seine Stimme am anderen Ende. Vertraut, warm, mit dem typischen Bass.

„Na, Funky, gut gelandet auf deiner Insel?"

„Hm", murmelte ich ... und versuchte möglichst nach „Yeah, yeah" zu klingen.

„Die Sonne scheint, die Partys sind heiß, das Essen ist gut", fuhr ich in Touri-Postkartenmanier fort, um mir und ihm ein Sehnsuchtsdrama zu ersparen.

„Klingt aber nicht so, Baby. Aber: Hey, du bist da, wo du hin wolltest. Und ich bin bei dir!", tröstete er mich.

Und wirklich, er hatte einen festen Platz in meinem Auswandererherzen zwischen den Welten. Und ich konnte wieder schmunzeln. Als draußen schon Elisa mit den Weingläsern winkte. Na klar, wir wollten mein neues Zuhause feiern, und ich versprach Patrick, ihn einfach mit zum Apero zu nehmen. Im Geiste, im Herzen und mit jeder Faser meines Körpers.

Vorbei am Pool flitzte ich so beschwingt in Richtung Terrasse, wo die beiden schon Brot und Aioli aufgetragen hatten. „Salud", und mit einem beherzten Klirren eröffneten wir meinen „Sommer meines Lebens" und was darüber hinaus noch kommen sollte. Kalle hatte in der Bodega seines Vertrauens ibizenkischen Rotwein mit typischer Thymian-Note für uns ergattert. Ein gelungener Auftakt. Und wir probierten, diskutierten und lachten bis in die frühen Morgenstunden mit dicken Jacken und Decken bepackt auf der Terrasse.

In dieser Nacht schlief ich traumlos, fest und sehr lange. Ich war angekommen – für den Augenblick – und konnte ausruhen. Erst als Mona plötzlich neben meinem Bett begann, auf und ab zu tippeln und mich zu stupsen, war ich bereit, meiner Rast ein Ende zu bereiten.

Und richtig: Während ich schon viele Male mit Elisa und Kalle die Hügel um „Felicidad" hoch und runter gesaust war, kannte meine flauschige Gefährtin ihre neue Heimat noch nicht und wollte sie erkunden. Ich war ihr einen ausgiebigen Spaziergang schuldig – und neugierig, wie sie reagieren würde. Nach knapp zwei Stunden stellte ich fest: Sie mochte es. Zu gerne hätte ich sie, wie all meine anderen Freunde, die ich je auf die Insel geschleppt habe, verheißungsvoll nach ihrem Eindruck gefragt. Sie musste nicht lange Elogen halten. Ein Blick genügte und ich wusste, dass sie die Gerüche, die Pinienwälder und die Weite genauso schätze wie ich.

Als wir so zufrieden zurück zur Finca trotteten, war Elisa schon einkaufen und Kalle gerne bereit, mir beim Frühstück Gesellschaft zu leisten. „Bist du schon angekommen?", fragte er mich augenzwinkernd.

„Ich weiß nicht. Es fühlt sich wie Urlaub an", zögerte ich.

Kalle lachte: „Wart's ab. Nach deinem ersten Behördengang, dem ersten 14-Stunden-Arbeitstag wirst du ankommen. Nix für ungut – aber entspann dich!"

Recht hatte er: Immerhin hatte ich zwar eine Bleibe, aber keinen Job. Etwas, das mich, die ich mein Leben immer in Fünfjahresplänen durchgestylt hatte, belastete. Und andererseits genau die Freiheit bedeutete, die ich in den vergangenen Jahren so sehr vermisst hatte.

Ich lehnte mich zurück und kostete vom starken ibizenkischen Kaffee, den hier jeder trank. In einer kleinen Manufaktur auf der Insel entstand die unverwechselbare Röstung. Vollmundig, kraftvoll und aufregend schmeckte er – vor allem auf meiner Insel.

Zu Hause in Deutschland hatte ich Unmengen von den fröhlichen gelb-roten Kaffeepäckchen importiert. Aber er schmeckte dort eben anders. Weniger impulsiv. Ein Phänomen, das jeder kennt, der versucht, geschmackliche Souvenirs aus dem Sommerurlaub bei 14 Grad und Nieselregen in Deutschland zu verkosten. Der Pastis, der in der Provence noch obligatorisch zum Abendauftakt gehörte, wird in Bochum plötzlich fade schmecken. Vergleichsweise. Weil eben Urlaub bedeutet, alle Sinne anzuschalten. Weil gute Gesellschaft, anregende Düfte und ein fantastischer Ausblick ihr Übriges zum Kulinarischen tun.

So hatte ich nun endlich wieder meinen Kaffeegenuss – authentisch. Und ich fragte mich, ob mir der Kaffee in ein paar Wochen, wenn hier Alltag eingekehrt wäre, auch fader erscheinen würde. Ob ich ihn runterkippen würde, um noch mal Kraft zu tanken für das harte Aussteiger-Leben auf Ibiza, das ich bis dato nur aus Erzählungen kannte.

Ich beobachtete Kalle. Er genoss. Langsam trank er Schluck für Schluck. Und doch sah er müde aus. Der Kaffee würde ihm guttun. Seit seiner Ankunft arbeitete er als Hausmeister in den Villen der ibizenkischen Schickeria.

Er kümmerte sich um die Instandhaltung des Hauses, größere und kleinere Reparaturen, Poolpflege, Wäscheservice und allerlei Sonderwünsche seiner Kunden, die an Exzentrik kaum zu überbieten waren.

Am Vortag musste er kurzerhand eine Überraschungsparty für die jüngste Tochter seines besten Kunden organisieren. Innerhalb von 24 Stunden. Weil dem lieben Vater mit Großverdiener-Job, anspruchsvoller Ehefrau und zwei Geliebten die Zeit für seine Kinder fehlte, trumpfte er dann und wann mit XXL-Überraschungen für die Kleinen auf. Bedauerlicherweise war ihm entfallen, dass seine Tochter ihren vierten Geburtstag feierte.

Und so, voller Gewissensbisse, rief er kurzerhand Kalle an, um ihm folgenden Auftrag zu erteilen: „Hallo? Hallo? Hören Sie? Ich fliege morgen mit Xynthia ein. Sie wird vier. Bitte organisieren Sie mir ein weißes Pony, reinrassig bitte. Rosa Satteldecke. Die Villa bitte mit rosafarbenen Luftballons dekoriert und, ach ja, ein paar Kinder im selben Alter für die Geburtstagsparty wären gut. Fragen Sie einfach in den Kitas rum, wer kommen mag. Ach ja, meine Gattin begleitet uns, bitte stellen Sie Champagner kalt. Anders ertrag ich das nicht. Kriegen Sie alles hin, oder?“

Kalle war viel zu stolz, um jemals etwas nicht hinzukriegen. Und so hatte er die Nacht durcharbeitet, um den perfekten Geburtstag für eine verwöhnte traurige Vierjährige zu organisieren.

Kalle hatte im Laufe seiner Zeit auf Ibiza allerhand solcher Anekdoten gesammelt. Und trotzdem schien er einen gewissen Respekt vor den Neureichen zu haben. Nicht vor deren Reichtum, Macht oder Unverfrorenheit. Aber vor ihrer Art, den Größenwahn zu managen. „Weißt du, Anne, ich möchte niemals so leben. Im Grunde meines Herzens bin ich Hippie. Aber es fasziniert mich, hinter die Kulissen dieser Menschen zu schauen. Und glaub mir, da tun sich Abgründe auf.

Ich frage mich immer, wie viel Energie diese Leute aufwenden, um all das nach außen zu vertuschen. Dann komme ich abends auf unsere bunte Finca zurück, sehe die Wasserflecken an der Wand, den Wäschehaufen im Wohnzimmer und den spärlich gefüllten Kühlschrank und weiß doch, warum unser Zuhause ‚Felicidad' heißt."

* * *

Bei all dem machte Kalle sich niemals lustig über seine reichen Kunden. Er wusste, wer ihn bezahlte. Nicht mal seine Frau kannte die Namen der Auftraggeber, die junge Frauen für ein wenig Zärtlichkeit bezahlten, oder die Namen der Ehefrauen, die nach verzweifelt fröhlichen Dinnerpartys mit Alkoholvergiftung ins Krankenhaus gefahren werden mussten. Kalle war diskret und wusste, welche Verantwortung er zu tragen hatte. Ein Fauxpas würde nicht nur seinen Job, sondern auch den Ruf seiner Auftraggeber kosten. Und dafür waren sie schon bestraft genug, so Kalles Credo.

Also machte sich Kalle, der Samariter, auf zu seinem nächsten Job: den tausend Quadratmeter großen Palmen-(Vor!)-Garten eines Kunden gießen, der für seine Pflänzchen keine Sprenkel-Anlage duldete, sondern handgegossene Exotik wünschte.

Ich räumte den Frühstückstisch ab und beschloss, meinen Urlaubsschwerpunkt in die Hängematte im Garten zu verlagern. Ein Buch in der Hand, die Sonne im Gesicht und Mona zu meinen Füßen. Die nächsten Wochen würden anstrengend genug werden, und der Abschied von meiner Heimat klebte an mir. Ich war zwischen allen Zeiten: kramte in meiner Vergangenheit mit meinen Freunden, der Familie und dem Rushhour-Job im beschaulich-romantischen Saarland, hing in meiner Gegenwart rum, um dann schnell in die Zukunft zu flüchten mit all ihren Wünschen und Ängsten und „Was/Wenn"-Szenarien.

Wie lange würde ich wohl hierbleiben, wird die Insel freundlich zu mir sein, was wird mit Patrick? Ich war noch nie gut darin, ganz im „Hier und Jetzt" zu sein. Vermutlich hatte ich mich deshalb so ausgiebig mit dem Buddhismus beschäftigt und schließlich meine Liebe zu Yoga entdeckt. Weil es meinen ständig plappernden Verstand für eine Zeit lang zur Ruhe kommen ließ.

Also schaukelte ich nach links und nach rechts und ließ meine Sinne sprechen. Sog den Pinienduft ein, kostete den azurblauen Himmel, lauschte der Stille und ließ mich von Monas Bellen aus meiner Meditation reißen.

Ein riesiger Schatten legte sich über mich. „Du musst Anne sein", sagte der Schatten. Ich rieb mir die Augen und sah vor mir eine zierliche Schöne mit wilden Wuschellocken und Bambi-Augen. „Ich bin Antonia", lächelte sie mich an und streckte mir ihre Hand entgegen. „Ah, richtig, Antonia! Hey, endlich lernen wir uns kennen", freute ich mich. „Elisa hat schon so viel von dir erzählt! Nur Gutes natürlich", grinste ich sie an.

Antonia half Elisa und Kalle regelmäßig beim Update der Finca und des Yogastudios. Sie kümmerte sich um den Privathaushalt und die Gästeapartments, pflegte den Yogatempel und war die gute Seele der Anlage. Sie fuhr die Yoga-Urlauber zum deutschsprachigen Zahnarzt im nahegelegenen Jesus, kochte Veggie-Kost für hungrige Yogis und plauderte gerne über ihr Leben auf Ibiza, wenn neugierige Gäste (wie ich) Auswandereranekdoten hören wollten.

Seit zehn Jahren lebte Antonia schon auf ihrer Lieblingsinsel. Hatte ihre Eigentumswohnung und ihren gut bezahlten Job in Frankfurt zurückgelassen, um noch mal neu anzufangen. Anscheinend eine gute Entscheidung, denn sie strahlte. Elisa hatte recht: Sie war ein echter Sonnenschein. Sie wuschelte durch Monas Fell und bedeutete mir, ihr in Richtung Yogatempel zu folgen.

„Super, dass du da bist, Anne. Ab nächster Woche beginnen wir hier mit den Saisonvorbereitungen. Elisa hat dir sicher schon Bescheid gegeben. Da können wir deine Hilfe gut gebrauchen!" Ich war froh, dass mir jemand eine konkrete Aufgabe in Aussicht stellte. Elisa und Kalle hatten mir angeboten, kostenlos gegen Mithilfe auf der Finca bei ihnen zu wohnen. Weniger Zeit zum Grübeln – dafür viel zu tun im Paradies. Das kam mir recht.

„Na klar. Ich bin bereit! Her mit den Jobs!", erklärte ich überschwänglich.

Nur so würde ich in den Alltag Ibizas eintauchen können. Mein Ziel bei diesem Abenteuer.

„Elisa hat mir übrigens aufgetragen, dir bei den Behördengängen zur Seite zu stehen. Hilfe wirst du auch brauchen. Das hier ist eine Servicewüste, kein Saarland, verstehst du?" Ich nickte und bedankte mich.

„Hm, und ich bräuchte auch noch einen Spanischkurs ..., wo wir gerade beim Thema sind. Meine VHS-Kenntnisse sind leider rudimentär."

„Kein Problem. Ich habe bereits mit meiner Freundin Evita gesprochen. Sie stammt von hier und kommt gerade aus Kolumbien zurück. Nächste Woche kannst du anfangen. Dann lernst du auch gleich die richtige Sprache: Katalanisch. Am besten vergisst du dein kastilisches Spanisch gleich wieder. Auf Dauer machst du dir damit keine Freunde."

Elisa und Kalle hatten mich bereits vorgewarnt. Das „gewöhnliche" Spanisch sei auf Ibiza nur was für Touristen. Wenn ich hier ankommen wolle, käme ich um Katalanisch nicht umhin. Kein Wunder, immerhin war es seit 1991 offizielle Amtssprache. Den inseltypischen Dialekt, Eivissenc, bräuchte ich nicht unbedingt, so die Empfehlung meiner Freunde. Ein ordentlicher Katalanisch-Kurs müsste also für den Anfang genügen, um auf der Insel Ibiza, pardon, Eivissa, zu bestehen.

* * *

Eine Woche später und mein Urlaubstaumel war verflogen. Ich fühlte mich geschmeichelt vom milden Klima und genoss die Finca-Arbeiten, die Spaziergänge mit Mona und die langen Abende mit Elisa und Kalle.

„Work hard, party even harder" war früher mein Motto. Etwas ähnlich, wenn auch gesitteter gestaltete sich mein Ibiza-Auftakt. Ich hatte den Pool gereinigt, pflanzte Bougainvillea, strich den Yogatempel leuchtend weiß und suchte mit Elisa neue Bilder für die Apartments in den wunderbaren Galerien von Santa Gertrudis aus. Blau, Rot, Weiß und Gold – so sah für mich Ibiza aus.

Ein wenig wie das Bild, das ich zu Hause im Saarland

als Souvenir so oft betrachtet hatte. Und das Licht spielt mit den Farben, verstärkt die Leuchtkraft von Akzenten, die die Natur setzt. Das fantastische Licht der Insel lockte seit jeher Maler und Fotokünstler auf die Insel – und Filmproduzenten, die unter anderem gerne das eine oder andere Erotik-Filmchen vor malerischer Kulisse abdrehen. Doch das Spektrum ist groß, wie in jeder Lebenslage finden auch Künstler jeglicher Genres hier ihren Platz.

Ich war fasziniert vom Bummel durch die Galerien. Elisa hatte meine Begeisterung bemerkt und schenkte mir eines der Bilder.

„Zum Ankommen. Zum Inspirieren. Zum Freuen!", schrieb sie auf die Rückseite, und ich fiel ihr in die Arme. Sprachlos.

* * *

Ein Willkommensgeschenk, das mehr als Worte sagt, und ich begriff bald, dass Gesten, Bilder und Augenblicke viel mehr zu sagen hatten auf der Insel als Worte, Erklärungen, Verträge und Traktate. Sie gaben den Ton an. Meine Freundin hatte das gut verinnerlicht.

Vom Beutezug kehrten wir zurück auf die Finca und schmückten und dekorierten, was das Zeug hielt. Noch eine Woche blieb uns, bis die erste Yoga-Gruppe anreiste. Und wir wollten ihr einen wunderbaren Empfang in der Stille bereiten.

Ich polierte die Klangschalen, breitete bunte Tücher im Tempel aus und legte dem XXL-Buddha im Tempel frische Blumen in die Hände. Wir waren bereit für die fünfzehn Yoga-Sinnsucher, die zum ersten Mal nach Ibiza kamen. Ob sie wohl die gleiche Leidenschaft für die magische Insel entwickeln oder ob sie nur mit sich beschäftigt sein würden, ohne ihre Umwelt zu fühlen? Ich war gespannt und unterdessen wahnsinnig dankbar, hier sein zu dürfen.

# *Mai*

Reifenquietschen vor dem Yogatempel. Ein sonnengelber Seat Ibiza bremste gerade noch rechtzeitig vor dem Buddha, und zwei grinsende Mädels reckten ihre Köpfe durchs Autofenster.

„Hossa, hier sind wir richtig!“, rief die blonde Steuerfrau beim Blick auf die bunten Tücher aus, die im Wind wehten. „Das ist Elisa-Style!“ Feengleich schwebte sie aus dem Wagen. Ihr folgte ihre Freundin – selig lächelnd und etwas schüchtern.

Noch bevor ich zum Empfangskomitee mutieren konnte, nahm Mona mir den Job ab und begrüßte die beiden Yogis schnüffelnd und schwanzwedelnd. Ich wollte den Willkommenstanz meiner Hündin nicht unterbrechen, bequemte mich dann aber doch von der Hängematte und stellte mich vor: „Hi, ich bin Anne. Elisa ist noch im Supermarkt unterwegs. Aber ich darf euch schon mal euer Apartment zeigen. Ihr müsst Svenja und Sabine sein!“ Elisa hatte mir die Gäste genauestens beschrieben. Immerhin kannte sie beinahe alle Teilnehmer. Die meisten waren früher in Leverkusen treue Yoga-Schülerinnen gewesen. Svenjas kecken Blick und Sabines dunkelblonde Locken konnte ich gleich zuordnen.

„Na, kommt. Hier geht's lang.“ Wir stapften den langen Kiesweg zur Apartment-Anlage entlang, und die beiden staunten nicht schlecht. „Klasse! Elisas Anlage ist paradiesisch! Die Fotos, die sie uns geschickt hat, sind maßlos untertrieben!", meinte Sabine. Ich freute mich über die Hommage – immerhin war „Felicidad" nun auch mein Zuhause.

Ich öffnete die Eingangstür zum Ganesha-Apartment, das Elisa für ihre beiden Schülerinnen ausgesucht hatte. Alle Gäste-Apartments sind nach indischen Gottheiten benannt. Das kam nicht nur bei den Yogis gut an, auch die einheimischen Ibizenkos fanden Gefallen daran. Denn den meisten waren die Namen und Bedeutungen dank Hippie-Kultur geläufig.

Ganesha, meist als Elefant-Mensch-Mix dargestellt, gehört zu meinen Favoriten. Er ist der Gott der Weisheit und strahlt auf mich eine unglaublich Stärke und zugleich Ruhe aus. Das Apartment hatte Elisa ganz in kräftiges Orange getaucht. Und natürlich durfte auch ein Ganesha-Wandbild nicht fehlen.

Dafür musste sie nicht mal nach Indien reisen. Auch auf den Hippiemärkten war Ganesha ein Renner. Und selbstverständlich waren auch die beiden Yogis aus Leverkusen Ganesha-Fans. Ich ließ Sabine und Svenja in ihrem orangefarbenen Traum ankommen, natürlich nicht ohne den Hinweis auf den Willkommens-Cocktail am Nachmittag – promillefrei, versteht sich!

Nach und nach trudelten die restlichen dreizehn Yogis ein und bezogen ihre göttlichen Bleiben. Ich half Elisa dabei, die Einkäufe zu verstauen. Immerhin mussten fünfzehn hungrige Yogis versorgt werden, ihre Speisekammer im Keller der Finca war randvoll gefüllt mit den köstlichsten Früchten, Gemüsen, Säften und Teesorten.

Bunter hätte unsere Truppe nicht sein können: von zwanzig bis Mitte siebzig waren drei Generationen vertreten, manche in Wollsocken, andere in Prada. Schüchterne und „Hallo, hier bin ich"-Typen. Klein, groß, kräftig und feengleich. Aber alle nuckelten an ihrem Yogitee im Tempel und lauschten Elisa, die den Ablauf der Woche erklärte.

Keine Frage, Yoga verbindet. Was ja bereits im Wort selbst begründet liegt.

„Yoga" stammt aus der indischen Gelehrtensprache, ist mit dem deutschen Wort „Joch" verwandt und bedeutet Verbindung. Verbindung zwischen Körper und Seele, zwischen Individuum und Gott.

Nach dem, was ich hier beobachten konnte, so war ich sicher, war Yoga auch eine unglaublich harmonische Verbindung zwischen den unterschiedlichsten Charakteren.

„Wir starten morgens um 7.30 Uhr, hier auf der Yogamatte, mit zwei Stunden Power-Yoga", erklärte Elisa enthusiastisch. Und da schieden sich die Geister: Einige nickten begeistert, andere protestierten lautstark und brachten triftige Gründe wie „Urlaub", „Ausschlafen" und „Wellness" an. Aber Elisa kannte kein Pardon und fuhr schmunzelnd, aber unbeirrt mit ihrem Programm fort: „Danach Frühstück. Wahlweise auch mit Kaffee. Wir sind hier nicht so streng wie andere Yoga-Retreats." Wobei die Anti-früh-Yogis skeptische Blicke tauschten. Da! Die erste Lagerbildung – und das bei einem so friedlichen Vorhaben wie einer Yoga-Woche.

„Anschließend erkunden wir Ibiza. Die meisten sind zum ersten Mal hier, und Anne und ich werden euch diese Woche ein kleines Paradies eröffnen. Wir besuchen Hippiemärkte, Strände und ...", Elisa machte eine bedeutungsvolle Pause, „... Atlantis!" Und schwupps, waren die beiden Lager wieder in ihrer Neugier vereint.

„Aber dazu später mehr! Natürlich gibt's auch abends wieder Yoga, diesmal etwas sanfter und nur neunzig Minuten. Für alle Sessions gilt: Alles kann, nichts muss! Wer sich nicht fit fühlt, gibt mir bitte Bescheid, okay? Natürlich gibt es auch abends wieder etwas zur Stärkung. Dann kochen wir gemeinsam in der großen Yoga-Küche, in wechselnden Teams!"

Bei all den klaren Ansagen wirkte Elisa nie militärisch, sondern stets sanft – und zugleich sehr bestimmt. Eine Gabe, die mir leider abging.

Aber wer weiß, was Yoga mich noch so alles lehren würde.

* * *

Ich mochte sie. Sie war Sternzeichen Zwilling, wie ich. In Vielem waren wir uns auch wirklich ganz ähnlich: sensibel mit einer gläsernen Fassade aus lautem Lachen, Mut und jeder Menge Pläne. Und neben unserer Schwäche für Yoga und lange, durchquatschte Nächte teilten wir auch unsere Betriebsamkeit und ein Kopfkarussell aus tausend Ideen und Plänen, das uns meist Spaß bereitete. Aber das man allzu gerne auch mal anhalten würde.

Da wiederum schloss sich der Kreis: Mit Yoga hatten wir ein wirkungsvolles Instrument gefunden, das unser Kopfkarussell sanfter seine Runden drehen ließ, den Takt zärtlich verlangsamte, ohne ganz zu bremsen.

Kurz bevor meine Großmutter starb, gab sie mir, wie gesagt, ihre Lebensphilosophie preis: Das Leben ist wie ein Karussell, manchmal dreht es sich langsam, manchmal dreht es sich schnell.

Als Mittzwanzigerin hatte ich damals wenig Verständnis für Langsamkeit. Ein bedächtiges Leben – wie unverschämt. Ich wollte Kopfkirmes mit Techno-Beat. Erst später lernte ich zu schätzen, was sie mir damals mitgab: die Natur der Dinge zu akzeptieren. Sich darüber im Klaren zu sein, dass kein Lebenskarussell der Welt immer Vollgas gibt. Man stelle sich vor, welche Übelkeit auf der Welt herrschen würde.

Und auch, dass beschauliches Karussellfahren für einige Momente lohnt, weil man schlicht besser und mit Freude sehen kann, was sich um einen herum abspielt. Und letztlich, dass das wahre Kribbeln im Bauch vom Taktwechsel kommt – von Schnell zu Langsam, von Langsam zu Schnell.

Als ich Elisa meine Karusselltheorie predigte, war sie einverstanden, ohne eine Millisekunde zu zögern. Und wir waren uns einig, dass uns ohne Yoga-Tempomat mit Sicherheit irgendwann ziemlich schwindlig geworden wäre.

Und weil das Karussell mit all den neuen Eindrücken und Gefühlen der letzten Wochen gerade außer Kontrolle zu geraten schien, war ich unheimlich dankbar, dass die Leverkusener Yoga-Gruppe kam – und mit ihr die Disziplin, die Matte auszurollen und zu tun, was ich tun musste.

Und auch zum Müssen gab es klare Ansagen von Elisa:

„Unser Programm ist so ausgelegt, dass es euch dabei gut gehen sollte. Jeder kann dabei seinen individuellen Spielraum austesten. Wie viel Yoga tut euch gut, wie viel Nahrung, wie viel Koffein, Nikotin und Alkohol. Es gibt keine Verbote, aber ich möchte euch ermuntern, selbst zu spüren, was euch guttut." Wir nickten erleichtert. Nur Frankie rief: „Okay, wenn's das war – ist die Cuba-Libre-Bar auf meiner Terrasse jetzt eröffnet!"

Ein mahnendes Grinsen von Elisa bremste das Partyfieber gerade noch, und wir suckelten brav an unseren Wellness-Cocktails – noch ...

Denn kaum war die Sonne untergegangen, machte Yogi Frankie aus seinem Spaß wohlschmeckende Wahrheit, und na ja ... wir waren ja im Urlaub, und es war ja der erste Abend und überhaupt ... Es störte mich kein bisschen, dass das zwar auf mich alles nicht zutraf, aber der Gruppendynamik konnte ich mich nun wirklich nicht entziehen.

Wäre vermutlich auch schlecht für mein Karma gewesen, den asketischen Super-Yogi zu mimen.

Und so gesellte ich mich zu den anderen auf die Terrasse und erfuhr allerhand über Beziehungen, Lebensträume, Yoga-Erlebnisse und heimliche Leidenschaften wie Nutella-Butterbrote und unerklärbares Heulen nach der Yoga-Stunde.

Zum Glück war Elisa als „Moderatorin" an meiner Seite. Zwar war ich schon immer ein recht offener Typ gewesen, aber mit Wildfremden Dessousfavoriten zu diskutieren, das hatte ich bisher noch nicht erlebt.

Am Cocktail konnte es nicht liegen. Vielmehr war es für viele ein Ankommen und Loslassen von dem, was zu Hause zwickte und drückte. Viel später erfuhr ich, dass diese seltene, aber nie peinliche Offenheit meine neuen Bekannten genauso beschäftigt hatte wie mich.

* * *

Ein stinknormaler Gruppenprozess oder yogischer Alltag? Es musste an Ibiza liegen, das war mir schnell klar.

Offenherzigkeit und Toleranz sind Grundtugenden Ibizas. Wäre die Insel eine Frau, wäre sie recht ungeniert, aber niemals ordinär dabei. Sie ist stellenweise laut und impulsiv. Sie hat ein großes Herz für Lebenskünstler, für menschliche Abgründe, und das offenbart jenen, die länger als einen Partyurlaub bleiben, nüchtern betrachtet eine zarte Seele, die nur die wirklich auffängt, die sie mit all ihren Facetten anzunehmen wissen.

Insofern dürften die spätabendlichen Dessous-Gespräche unter wildfremden Yogis an diesem Abend vergleichsweise harmlos gewesen sein.

Von der Freiheit, einfach sie selbst zu sein, haben schon die Hippies gekostet. Wer nach Ibiza auswandert, sucht oft Unbeschwertheit, Toleranz, Ruhe – und findet am Ende sich selbst.

Ich hatte schon viele dieser Geschichten gehört, und sie erinnerten mich immer ein wenig an Janoschs „Oh, wie schön ist Panama!“, in dem der kleine Bär und der kleine Tiger sich auf die Reise ins Land ihrer Träume begeben und am Ende tatsächlich im Paradies landen, ihrem eigenen Zuhause. Aber ich wusste, dass ich mich selbst auf die Reise begeben musste, um eine neue Perspektive auf mein altes Ich zu erwandern.

Und nun war ich mitten auf meinem Weg, traf eine Insel voller Schönheit und eine fröhliche Yogi-Meute, die mir meinen Weg versüßte.

Ich fröstelte und zog meine Fleece-Jacke nach oben. Denn obwohl die Mai-Tage auf Ibiza schon angenehm warm waren und Strand-Potenzial hatten, wehte abends ein kühler Wind über die Hügel. Zeit, ins Bett zu gehen und vom Sommer zu träumen.

Immerhin stand morgen früh Yoga auf dem Programm.

Und während die anderen auf der Terrasse noch über Positionen wie die Kobra, die Katze und den nach unten schauenden Hund fachsimpelten, schlüpfte ich in mein Nachthemd und kuschelte mich an meinen schnarchenden Hund Mona.

Es war herrlich an der Cala San Vincente: die Felsen als stille Statisten, das kristallklare Wasser, das typisch für Ibizas Norden ist, und die Sonne, die mich streichelte – oder war es Patrick?

Nein, es war nur ein schöner Traum und das funkelnde Wasser verwandelte sich augenblicklich in die rot blinkenden Digitalziffern meines Weckers ...

„F***" – Pardon, nein, Yogis dürfen nicht fluchen, auch wenn sie verschlafen haben. 7.20 Uhr, mahnte mein Wecker, und ich schnellte hoch, warf mir Wasser ins Gesicht, schlüpfte mit meinem verschlafen torkelnden Wauzi in den Garten und drängelte ... „Mach Pippi, mach Pippi, ... hopp, na los", ... schlüpfte in mein Yoga-Outfit und schaffte es unter Elisas strafendem Blick um genau 7.32 Uhr in den Yogatempel.

Pünktlichkeit war noch nie meine Stärke, und ich hoffte, in den Ibizenkos Seelenverwandte zu finden. Immerhin herrschte hier ein anderer Rhythmus: minutiöser Deutscher versus entspannter Spanier, so meine Erfahrung.

Die deutsch geprägte Yoga-Gruppe sah das anders, und ich erntete strafende Blicke, sogar von jenen, die gestern noch eifrig gegen unmenschlich frühe Yoga-Sessions protestiert hatten.

Ich wand mich in den Schneidersitz, formte meine Finger zum Dhyanamudra, der yogischen Geste der Versenkung, und flugs war meine Hektik verflogen.

Ich lauschte dem Vogelgezwitscher und Elisas Worten, die von Zufriedenheit handelten, bevor wir gemeinsam das Om sangen. Mein Brustkorb vibrierte, und ich fühlte mich frisch und hochmotiviert. Ein Glücksgefühl, das schon eine halbe Stunde später dem Seufzen und Ächzen meiner Glieder weichen musste. Elisa meinte es sicher nur gut, sagte ich mir. Und dachte beharrlich an meine Bikinifigur. Ohne Erfolg. So verdreht und gedehnt, wie wir waren, klappte ich mitten in der Balance-Übung mit einem lauten Plumps zur Seite.

Außer mir lachte niemand, und ich spürte einen Anflug yogischer Solidarität. Die Sonne stach durch die Sonnensegel des Yogatempels, und ich dachte an das Frühstücksbüffet, kämpfte mit Gedankenwolken, sinnlichen Ablenkungen wie dem Duft des Frühstücksbüffets, das einige Meter weiter zubereitet wurde, und versuchte krampfhaft, nicht daran zu denken. Gerade als meine Beine zum zweiten Mal derart zitterten, dass ich wie ein Kartenhaus zusammenzufallen drohte, kehrte Stille ein in meinem Geist.

Ich blieb standhaft und genoss den Frieden. Genoss die klaren Grenzen, die mein Körper mir aufzeigte, und war dankbar für die Kontur, die er mir durch diesen deutlichen Hinweis verlieh. Meinen Mit-Yogis schien es ähnlich zu gehen. Einige waren in die Ruheposition Kindeshaltung zurückgekehrt, andere blieben schwer und gleichmäßig atmend in der Asana, die Elisa uns scheinbar mühelos seit zwei Minuten demonstrierte. Alle genossen wir tiefen Frieden. Bis ... ah ... Shavasana ... angesagt wurde. Was auf Deutsch ganz fruchterregend als „Totenstellung“ bezeichnet wird, bedeutete heute für mich schlicht „Erlösung“.

Wir legten uns auf den Rücken, die Hände entspannt neben den Körper, und entspannten nach und nach jeden Körperteil, der für einen gewissen Moment im Zentrum unserer Aufmerksamkeit stand. Füße, Fußgelenke, Schienbeine etc. ... Ich wanderte in Gedanken meinen Körper entlang und sog den Duft des Räucherstäbchens auf, das Elisa zum Finale gezündet hatte.

Mein Körper fühlte sich anders an – auch mein Geist war leichter als sonst und hörte kurz auf zu plappern. Kleine Schauer jagten über meinen Körper, und neben mir schluchzte es. Es ist keine Seltenheit, dass man im Shavansana versunken Tränen vergießt, wenn so alle Anspannung abfällt.

Wir lagen fünf oder zehn Minuten in der Totenstellung, die für einen Außenstehenden nach sportlicher Faulenzerei aussieht und in Wahrheit den Körper arbeiten lässt wie selten sonst. Wenn alle Spannungen flöten gehen, ist das Hochleistungssport für Körper, Geist und Seele.

Als wir uns anschließend räkelten, dehnten und gähnten, wusste ich, warum.

Ich faltete meine Hände in Herznähe, beugte meinen Kopf leicht nach vorne und flüsterte „Namaste", die wohl schönste und prägnanteste Form, „Danke" zu sagen.

Wie alle yogischen Begriffe stammt „Namaste" aus dem Sanskrit und bedeutet: „Ich verneige mich vor dem Göttlichen in dir." Eine Geste für die anderen, eine Geste für sich selbst.

Ich rollte bedächtig meine Yoga-Matte zusammen, faltete die Decke, rückte das Yoga-Kissen zurecht und schlurfte in Richtung meines Apartments, wo Mona mich hüpfend begrüßte. Ich hauchte ihr einen Kuss auf ihre weichen

Flausche-Ohren und lud sie kurzerhand zum Frühstück ein.

Gemeinsam mit den anderen Yogis stärkte ich mich mit köstlichen Früchten, Kräutertee und Müsli. Meine sonst so unbändige Lust auf Kaffee war vermutlich mit Shavasana für eine Weile vertrieben, und ich war verblüfft, wie genügsam mein Körper auf einmal war.

* * *

Erst eine SMS von meinem Schatz sollte mich aus meinem Taumel befreien, in den ich mich so schön eingekuschelt hatte.

„Morgen schon was vor?", fragte er.

Und mein Geist und mein Herz hüpften vor Glück. Wollte er mich etwa überraschen? Mein neues Zuhause begutachten? Ich war mir sicher, dass ein baldiges und dringend notwendiges Wiedersehen anstand ...

Ich wählte aufgeregt seine Nummer.

„Hallo?", fragte eine warme Stimme am anderen Ende.

„Hi, ich bin's." Ich war verlegen.

„Morgen, 18.30 Uhr, Ibiza Flughafen?", fragte Patrick vorsichtig.

„Ich kann mir kein schöneres Plätzchen für ein Date vorstellen!", gab ich zurück.

Kurz, klar, spontan – Liebe konnte so unkompliziert sein.

In meiner Aufregung hatte ich ganz vergessen, ihn zu fragen, wie lange er bleiben würde. Da piepste mein Handy. „P.S. Ich bleibe das ganze Wochenende!" Okay, Gedankenübertragung. Hatten wir das auch geklärt.

Blieb nur noch die Outfit-Frage, die Frage, welche Fleckchen ich auf Ibiza präsentieren würde, wie er sich mit Elisa und Kalle verstand, was ich kochen würde und so weiter und so fort.

Hallo, Kopfkarussel! Was hatte Elisa mir noch mal geraten, wenn die Gedanken so rasten? Richtig. Doppelt so lange aus- wie einatmen. Ich praktizierte gehorsam, und tatsächlich beruhigte sich mein Plappergeist augenblicklich und machte den Weg frei für sorgfältige schlichte Planung, die kein Detail dem Zufall überlassen sollte. Das durchorganisierte Date – ein Hirngespinst, dem sich frisch verliebte Frauen nur allzu gerne hingeben.

Also auf zum lustigen Klamotten-Casting.

Ibizenkisch sollte es sein, klar.

Natürlich hatte ich sämtliche landestypische Outfits eingepackt, die ich im Laufe meiner Ibiza-Reisen auf Hippiemärkten und in den traumhaften Boutiquen von Ibizas Altstadt ergattert hatte. Ich mochte den Stil, der das typische Ibiza-Gefühl so wunderbar einfing.

Maxikleider, Tuniken, wallende Stufenröcke und knappe Shorts in allen Varianten. Mal bestickt, mal mit Häckeleinsatz, gerne ganz in Weiß oder leuchtend bunt gemischt. Dazu Haarbänder, breite Ledergürtel, auffällige Ketten und Ohrringe und flache Sandalen. Fertig ist der Ibiza-Look!

Das Stil-Credo ist so wildromantisch wie die Insel selbst: „Ad libitum." Auf Deutsch etwa „beliebig gewählt". Die sogenannte „Adlib-Mode" ist die Mutter des Stils und beeinflusst bis heute ganz maßgeblich die Designer der Insel, die zwar jede Saison neue Träume kreieren, aber ihrem Motto stets treu bleiben.

Eine reinweiße Tunika, braune Ledersandalen und ausgefallene Kleid-Kreationen kommen deshalb nie aus der

Mode. Nirgends sonst auf der Welt sind die Frauenkleiderschränke mit solch ausgefallenen Klassikern gefüllt. Und wohl nirgends sonst auf der Welt kleiden sich Frauen so lässig und feminin zugleich.

Ich erfreute mich also an meiner Grundausstattung, die ich im Laufe meiner Urlaube nach Herzenslust gesammelt hatte, und entschied mich für eine zarte, weiße Tunika, Jeans-Shorts und flache Folkloresandalen.

Perfekt für ein Wiedersehensdate mit meinem Lieblingsmenschen auf meiner Lieblingsinsel.

Die abendliche Yoga-Stunde und die köstlichen Leckereien im Anschluss taten ihr Übriges dafür, dass mein Herz vor lauter Vorfreude nicht meinen Brustkorb verließ. Müde war ich noch lange nicht. Also beschloss ich, mit Mona noch eine kleine Nachtwanderung über die Hügel zu wagen. Was ich mich zu Hause nie trauen würde, versetze mich hier in Verzückung. Pinienduft und das Knacken bei jedem Tritt auf die dünnen Äste waren meine Begleiter. Mona jagte wie immer erfolglos Kaninchen, und ich genoss die Kühle und die Sterne, die zum Greifen nah waren.

Ich setzte mich auf einen Baumstamm, schaute, lauschte, atmete – bis ich bemerkte, dass ich meine sonst so treue Hündin vermisste. Eben noch wähnte ich sie neben mir. Aber ihre Tippelschritte waren verstummt. Ich suchte, rief, taumelte, stürzte, rannte ..., bis ich mich müde wieder auf meinen Baumstammplatz sinken ließ.

Da! Ich hörte etwas. Aber statt schnellem Hundegetippel näherten sich schwere Schritte und ein Keuchen. Ich bekam Angst. Auch Yoga-Atem half nicht mehr. Den Weg zur Finca konnte ich nicht finden. Eine dicke Wolkendecke hatte sich vor den Mond geschoben. Ich wusste nicht, ob ich mehr Angst um Mona oder um mein eigenes Leben hatte. Das Keuchen kam näher. Und ich blieb regungslos. Jedes Astknacken konnte mich verraten.

Ich sah die Schlagzeile schon vor mir:

„Mord auf der Sonneninsel Ibiza: deutsche Auswanderin von Unbekanntem zerstückelt!"

Mein Leichtsinn, die Unbeschwertheit – das alles würde nun bestraft werden. Hätte ich nur auf die mahnenden Stimmen meiner Kollegen gehört. Gerade als ich mein Leben in Windeseile noch mal zurückspulte, was ja Usus ist, wenn ich den unzähligen Tatort-Folgen glauben durfte, die ich in meinem Leben gesehen hatte, flüsterte eine Männerstimme: „Anne, bist du das?"

Jesses, mein Peiniger kannte mich sogar persönlich. Er hatte mich womöglich schon einige Tage beobachtet, nur um den richtigen Moment abzupassen. Er wusste, ich würde nach ein paar Tagen auf der Insel jegliche Vernunft verlieren und alleine umherirren. Eine leichte Beute!

Ich nahm all meinen Mut zusammen. Auch das wusste ich von „Tatort" – den Täter direkt ansprechen und in ein persönliches Gespräch verwickeln wirkt manchmal Wunder.

Also setzte ich zum Plausch an: „Ja, ich bin es. Und es wäre doch wirklich schade, wenn du die Sache so mir nichts, dir nichts hinter dich bringen willst. Stell dir vor, du wärest in meiner Situation. Möchtest du so banal sterben?"

„Was???"

Aha, meine Taktik funktionierte.

„Anne, komm zur Vernunft!"

Erst jetzt erkannte ich Kalles Stimme.

„Was machst du alleine hier draußen? Mona hat mich

gerufen. Sie kam ganz aufgeregt auf die Veranda und zeigte mit ihrer Schnauze immer wieder in Richtung Wald. Hast du dich verlaufen?"

Mir fiel ein Fels vom Herzen, so mächtig wie Es Vedrà. Vermutlich hatte ich doch zu viele Krimis geschaut.

„Nö, ich war bloß spazieren!", flunkerte ich.

„Schon klar", brummte Kalle. „Normalerweise auch kein Problem. Aber nachts und alleine würde ich das lassen. Du wärst nicht die erste Touristin, die sich in der friedlichen Seele der Insel täuscht."

Als wir auf der Veranda saßen, um uns vom kollektiven Schrecken zu erholen, musste ich doch nachhaken.

„Mal ehrlich. Ist Ibiza so kriminell?", wollte ich wissen.

„Nein, Süße, keine Bange. Hier ist es nicht gefährlicher als an anderen Orten der Welt. Mord und Totschlag sind hier eher die Ausnahme. Nimm dich einfach vor Taschendieben in Acht. Beschaffungskriminalität spielt hier durchaus eine bedeutende Rolle. Also, bitte nicht unterschätzen. Und auch wenn's draußen noch so lauschig ist, bitte Fenstern und Türen fest verschließen. Die Einbrüche nehmen in den vergangenen Jahren stark zu."

Ich machte große Augen und verschwieg lieber, dass ich in den vergangenen Nächten mit sperrangelweit geöffnetem Fenster geschlummert hatte. Ich, der Angsthase, der sogar im beschaulichen Saarbrücken nur ungern im Erdgeschoss gewohnt hatte.

„Aber die Gewalt ist auf Ibiza vergleichsweise gering. Und mit der Mafia oder Drogen wirst du wohl kaum in Kontakt kommen", ergänzte Kalle, als er mein Gedanken-Schlottern bemerkte.

„Wohl kaum", lachte ich. „Außerdem habe ich mit Mona einen echten Zerberus, der jeden Dieb zur Hölle jagt."

Mona gähnte neben mir, und ich beschloss, es ihr gleichzutun. Ab in die Falle. Immerhin sollte ich morgen blendend aussehen, um meinen Schatz gebührend zu empfangen. Und, ach ja, Morgen-Yoga stand ja auch noch an.

Ich schlummerte tief hinter verriegelten Türen und ohne Albträume.

* * *

Yoga, Hausarbeit und Kochen für die Yogis vergingen wie im Flug. Für ein Mittagsschläfchen war ich viel zu aufgeregt.

Eine ganze Stunde Zeit nahm ich mir fürs Aufhübschen, schnappte mir Elisas Jeep und fuhr mit Herzklopfen, das perfekt zum House-Sound im CD-Player passte, gen Flughafen. Seltsam, dachte ich noch. Patrick hatte sich gar nicht mehr gemeldet. Ob er es sich anders überlegt hatte?

Mein Herz schlug schneller. Als ich um Punkt 18.30 Uhr – Vollgas macht's möglich – am Flughafen ankam, war die Maschine aus Saarbrücken schon gelandet. Ich wartete fünfzehn Minuten, wartete dreißig Minuten und tippelte unter den dicken Lettern „Eivissa“ und „Ibiza“ hin und her.

Kein Schatz in Sicht. Meiner jedenfalls nicht. Andere Pärchen fanden sich, verabschiedeten sich und fielen sich in Arme oder freuten sich auf den Urlaub.

Ich drückte auf meinem Handy rum. Nichts. Kein Anruf, keine Nachricht.

Plötzlich hinter mir ein Schatten, der mir zunächst ein angebissenes Schokocroissant vor den Mund hält, um mich dann stürmisch zu umarmen. Noch bevor ich mich gegen den Überfall wehren kann, erkenne ich meinen Schatz. Am Duft. Dieser aufregenden Note aus herbem Parfum und feinstem ... na ja ... Schatzduft eben.

„Ich bin da – mein Koffer ist weg", grinst er. „Vermutlich in Hamburg gelandet." Er zuckte mit den Achseln.

„Ich wollte schon einen Vermisstenmeldung aufgeben. Wusste ja nicht, dass du deinen Koffer noch als vermisst melden musstest!"

„Sorry. Ich denke, morgen kommt das Gepäck an. So lange versuch ich mich in deinen Klamotten. Bauchfrei soll wieder ziemlich angesagt sein."

Es ist der Segen der Frischverliebten, dass Nebensächlichkeiten das Zeug zu verklärter Romantik haben. Wir wussten, dass diese Zeit begrenzt ist, und genossen sie in vollen Zügen. Wir verbrachten drei wundervolle Tage. Schwerelos.

Ich zeigte ihm mein Lieblingsrestaurant Casa Colonial, und wir verbrachten die wenigen Tage liebestrunken an abgelegenen Buchten in Ibizas Norden. Die Art, wie Patrick nach dem Baden aus dem Wasser stieg, erinnerte mich an James Bond. Und ich wusste, diese Liebe ist mehr als ein rasantes Abenteuer. Der Beginn einer Liebe, die mehr als Schmetterlinge im Herzen und ernüchternde Bilanzen auffahren würde. Sondern die Begegnung mit dem Mann, der das Label „für immer" verdient hatte, ohne dass sich im Laufe der Zeit ein fahler Geschmack von „lebenslänglich" einschleichen würde.

Ich war selig, dass ihm die Insel gefiel, dass er sich mit Elisa und Kalle verstand, dass er die Ibizenkos mochte. Dass seine Premiere auf Ibiza eine ebensolche Euphorie auszulösen schien wie mein erster Besuch auf dem magischen Eiland. Ich beobachtete ihn, wie er die Insel genoss. Sah ihm mit Freude zu, wie er Brot und Aioli zur Götterspeise erkor, und kostete von seinen Blicken, wenn ich im Fahrtwind der rauschenden Serpentinenfahrt vor Freude quietschte. Ich war ich – mit ihm.

Nach Patricks Abreise – so mein Vorhaben – musste ich endlich aus meinem Tingeltangel-Touri-Status entfleuchen und dem „echten" Leben auf Ibiza ein Stück näherkommen, und so entschloss ich mich, Bewerbungen zu schreiben. Wie sonst, wenn nicht arbeitend, lernt man Land und Leute am besten kennen?

# Juni

„Was? Du hast noch keinen Job?“ Antonia seufzte.

Ich kramte meinen Auswanderer-Ratgeber hervor und hielt ihn ihr triumphierend unter die Nase. Unter dem Titel „Jobsuche am besten vor Ort“ wurde dort Schritt für Schritt erklärt, warum die Uhren auf Ibiza anders ticken. Wo viel Tourismus, da viele Saisonarbeiter. Mehr als vier Millionen Touristen kommen jährlich auf die Insel. Sie alle wollen verköstigt, beherbergt und animiert werden. In meiner Gleichung bedeutete das auch mindestens ebenso viele Saisonjobs.

Antonia klärte mich geduldig auf, dass die Idee, sich direkt vorzustellen, sicher sinnvoll sei. Und natürlich war es jetzt im Mai zu Beginn der Saison ein guter Zeitpunkt. Aber meine Vorstellungen seien wohl etwas überzogen.

„Als Journalistin wollen viele auf der Insel arbeiten. Und ehrlich, Anne: Die meisten sprechen perfekt Spanisch. Üppig ist die Auswahl an deutschen Titeln mal eben nicht. Du brauchst einen Plan B.“

Den hatte ich natürlich: Als Reiseführerin, als Kellnerin und sogar als Disco-Promoter wollte ich mich versuchen. Nein, akademisches Ambiente und einen Traumjob, der mich bis zur Rente versorgen sollte, suchte ich nun wirklich nicht. War es nicht der Charme, diese besondere Freiheit, nicht für Familie, Hypotheken und teure Fernreisen zu sorgen, den ich suchte?

Und ob! Studiert hatte ich ausreichend und ebenso viele Artikel recherchiert und geschrieben. Also sollte es etwas sein, das ich vermutlich nur hier, nur jetzt machen könnte. Ich war jung und ich brauchte Geld, konnte kaum Spanisch, aber sprach passables Englisch. So why not, Event-Promoter?

Was so hip nach „Ich mach was mit Werbung“ klingt, bedeutet nichts anderes als Disco-Köder für die Touris spielen. Nein, in Wahrheit ist es viel mehr. Schicke Jungs und Mädels aus aller Welt hüpfen tagsüber halb nackt und beinahe karnevalesk als Disco-Karawane über die Strände und akquirieren Club-Besucher für die Motto-Partys des Abends. Sie winken mit Rabatten auf den Eintritt, lächeln, sind die Lebensfreude in Person und wedeln im Fall des Pacha mit riesigen Pappkirschen – dem Label meines legendären Lieblingsclubs. Das wollte ich auch.

Denn mit dem Pacha konnte ich mich durchaus identifizieren. Gegründet im Hippiezeitalter anno 1973 hat sich der Club von einer Finca, in der schon damals ausschweifend gefeiert wurde, zu einem Lebensgefühl entwickelt, das untrennbar mit Ibiza verbunden ist. Gründer Ricardo Urgell wollte einen Ort schaffen, an dem sich jeder wie ein arabischer Prinz fühlt. Heute ist Pacha ein echtes Königreich mit mehr als zwanzig Filialen in aller Welt. Ja, und auch echte Prinzen sollen dort schon gefeiert haben wie z. B. Prinz William.

Aber auch der gesamte Pop- und Geld-Adel schlägt sich gern in Pachas VIP-Bereich die Nächte und den Schampus um die Ohren. Neben seinem Mythos und seinen Menschen lebt die Legende natürlich von der Musik. Feinste House-Musik erfüllt meist das terrassenartige Ensemble – eine schicke Mischung aus Bauhaus und Zirkuszelt.

Wer im Pacha Ibiza auflegen darf, gehört zweifelsohne zur Elite – und wer dort bedient oder als Gogo tanzt, hat Künstlerstatus.

So weit, so glamourös. Aber wie um Himmels willen sollte ich einen Job im Club-Olymp ergattern? Aufgerüscht vorsprechen? Meine DJ-Connections spielen lassen oder die Tageszeitung auf genau diesen Job durchforsten?

Ich fragte Antonia um Rat.

„Klasse Idee, Süße. Aber die Jobs dürften um diese Zeit bereits alle vergeben sein. Besonders beliebt sind sie übrigens bei Briten – die sich vermutlich schon im vergangenen Jahr auf ihren Summer-Job beworben haben. Na, und die Arbeitszeiten sind nicht gerade hundefreundlich. Nach dem Job gehst du mit deinen Freunden feiern – das ist so Usus. Und ich möchte dich sehen, wie du das ausschlägst."

Da kam mir *die* Idee. Geregelte Arbeitszeiten, die Insel kennenlernen, rumkommen – genau. Ich würde Kalle bei seinem Housekeeping unterstützen! Spanisch brauchte ich dazu vorerst nicht. Der Kontakt war gemacht, und so müde und abgeschlagen, wie er oft von seinen Touren zurückkam, konnte er Unterstützung gebrauchen.

Gartenpflege, Pool-Schrubben, reiche Kinder animieren – das war doch was für mich. Das wollte ich. Und ich war mir sicher, einige Episoden zu erleben, die ich später meinen Enkeln erzählen konnte.

Kalle war einverstanden mit meiner Schnapsidee. In den kommenden Monaten würde sein Pensum ohnehin ansteigen, und er könne meine Hilfe gebrauchen – und Elisa war froh, ihren Mann bald öfter als „zwischen den Yoga-Sessions" zu sehen, und freute sich insgeheim auf seine Mithilfe auf der eigenen Finca.

Denn gerade jetzt war für sie eine intensive Zeit. Die letzten Saisonvorbereitungen und Renovierungen waren noch nicht abgeschlossen, aber die ersten Gäste hatten sich längst hier eingenistet. Aus Klientensicht durchaus verständlich – und, na ja, lukrativ eben auch.

* * *

Der Mai auf Ibiza ist ein besonderer Monat – betriebsam, aber nicht so hektisch wie die darauffolgende Hochsaison. Die Club-, Restaurant- und Hotelbesitzer feilen an neuen Angeboten, letzten Bookings und ihrem Image. Nach und nach blitzen alle Locations, und die Sonne brennt dabei immer stärker. Tagsüber Bikiniwetter, abends fröstelnd kühl für die Sonneninsel, ist Lagen-Look im Mai besonders trendy.

Es war einer dieser typischen Mai-Tage, als Elisa nach unserer morgendlichen Yoga-Session spontan eine Gruppentour nach Es Vedrà anzettelte. Ein Raunen ging durch die Menge der müden Yogis. Viele kannten den magischen Felsen von romantisch-mystischen YouTube-Clips, von blumigen Umschreibungen ihrer Reiseführer oder von diversen Legenden. Aber Es Vedrà muss man fühlen. Und das dachte sich auch unser Chef-Yogi. Wir sollten das Insel-Wahrzeichen in zwei Varianten je nach Gusto erleben:

„Ihr habt die Möglichkeit, entweder ganz klassisch die Bucht Cala d'Hort zu besuchen, oder aber mit mir zu Atlantis zu wandern. Die Strandbesucher brauchen Bikini und Co. Die Atlantis-Yogis brauchen festes Schuhwerk und eine gute Portion Mut. Alles klar?"

Ein Nicken ging durch die Menge.

„Prima", meinte Elisa. „Wir treffen uns in fünfzehn Minuten an den Autos."

Sechzig Minuten später war die Stunde der Wahrheit gekommen, und wir teilten uns auf in mutige Yogis und Sonnenanbeter.

Ich kannte und mochte die Cala d'Hort mit ihrem feinen, schmalen Sandstreifen, geschützt von einer immensen Felswand und von zwei urigen Restaurants gesäumt. Also entschied ich mich für die Wagemutvariante. Immerhin war ich nicht zum Spaß auf der Insel.

Elisa lüftete das Geheimnis um Atlantis.

Die Hippies hatten diesen magischen Platz so getauft. Was einst als Steinbruch für die Fincas und für Ibizas Stadtmauer diente, machte auf die Blumenkinder ordentlich Eindruck. Es entstand eine bizarre Felslandschaft, die auch heute noch an eine versunkene Stadt erinnert. Neben kleinen Steintürmen, Peace-Zeichen und in Fels geritzten Buddha-Statuen, die die Hippies als Ode an diesem magischen Platz hinterließen, findet man hier auch die spärlichen Reste eines Hauses, eine Höhle und eine Lagune mit wunderbar kristallklarem Wasser. Der Anblick war atemberaubend, und ich konnte verstehen, wieso dieser Platz bei Einheimischen beliebt war und noch heute unter den Hippies als Ort mit besonderer spiritueller Note gehandelt wurde.

Ich machte mich daran, ein „Steinmännchen" zusammenzutragen. Eine Bastelei, die offenbar zum guten Ton beim Atlantis-Besuch gehörte – und außerdem Glück bringen sollte. Ich dachte fest an die bevorstehenden Monate und äußerte stumm den Wunsch, das Leben hier immer so aufsaugen zu können wie in diesem Augenblick, der voller Lebendigkeit war.

Stück für Stück rutschte die Sonne ein bisschen tiefer gen Meer, und Elisa bedeutete uns, die Steinmännchen schneller zu basteln, und trommelte die Yoga-Gruppe zum Rückzug zusammen.

Der Aufstieg hatte es in sich, und ich verstand schnell, warum wir uns tummeln mussten, wenn wir nicht als bibbernde Yogis in der Höhle zurückbleiben wollten. Wildromantisch. Aber eben auch kalt. Karg. Und vermutlich auch ziemlich gespenstisch.

Denn es ranken sich zahlreiche Mythen um Es Vedrà. So soll Es Vedrà eine unglaubliche Energie besitzen; vergleichbar mit der Energie der Pyramiden oder dem magischen Kreis von Stonehenge. Sämtliche Navigationssysteme versagen in einem gewissen Umkreis um den Felsen. Exakte Messungen sind dann unmöglich – eine Geschichte, die mir der Kapitän eines Animationsboots auf Ibiza so eins zu eins bestätigt hat.

So soll der Felsen aufgrund seiner magnetischen Störungen auch Menschen und Tiere verwirren. Die Legenden über zahlreiche verirrte Wesen, die nie wiederkehrten, übertreffen sich gegenseitig. Und auch in der Legende von Homers Odysseus soll Es Vedrà eine Hauptrolle spielen. Wissenschaftler schwören Stein und Bein, dass Odysseus hier von den Sirenen verzaubert wurde. Verführerisch ist die Aura des Felsen allemal, wenn er so im sinkenden Sonnenlicht vom Nebelkranz umrahmt wird. Er wirkt mächtig, aber nicht gruselig.

Wie eine eigene Instanz, die Menschen anlockt, die sie abstößt, die abschreckt und fasziniert zugleich. Wer die Insel verlässt, sagen die Einheimischen, soll Ibiza grüßen, um wiederzukehren. Bestenfalls Es Vedrà mit Trommeln huldigen. Zum Glück blieb mir dieses Ritual erspart.

Und natürlich hat die Legende auch eine Variante in Sachen Liebe parat: So soll Es Vedrà die heilige Insel der karthagischen Liebesgöttin Tanit sein. Eine Variante, die mir besonders gut gefiel. Weil Es Vedrà eine magische Anziehung besitzt, gegen die man sich kaum wehren kann. Aber eben wenig Verschreckendes und Aufgeregtes.

„Autsch! Fuck!", wurde ich aus meinen romantischen Träumereien aufgeschreckt. Anita, die eben noch neben mir ächzte und krabbelte, war von einem Felsvorsprung abgerutscht und klammerte sich an eine kleine Ausbuchtung. Ihr schmerzverzerrtes Gesicht sprach Bände. Gefahr drohte. Bis ein Yogi flucht, dauert es in der Regel lange, und wir hopsten ad hoc zur Unfallstelle. Anita kämpfte. Unter ihr fünf Meter freier Fall. Über ihr eine Meute aufgehuschter Freundinnen. Wir ermutigen sie, eine Hand zu lösen und uns zu reichen. Wir hoben mit aller Kraft. Bekamen erst ihren Arm, dann ihre Gürtelschlaufe und dann die ganze Anita zu greifen und hoben sie vorsichtig auf das Plateau.

Erleichtert kicherten wir. Und Anita zeigte uns stolz ihre Heldenschrammen. „Mensch, Anita, du wirst uns doch nicht noch bei Es Vedrà abtrünnig werden. Wir haben noch die Abend-Yogastunde vor uns", lachte Elisa – froh, dass ihrem Schützling nichts passiert war. So markiert und inspiriert, tapsten wir zu den Autos zurück, wo uns die Strand-Yogis mit hochroten Gesichtern und schläfriger Miene begrüßten. Wir tuckerten zurück auf die Finca, wo Kalle uns zur Beruhigung aller mit einer riesigen Paella erwartete.

„Diebstähle? Sonnenstichgeschädigte? Tote?", fragte er uns. Ich deutete wortlos auf Anitas Schrammen, und Kalle zeigte sich zufrieden. Er hatte weitaus Schlimmeres gesehen, was seine Aufzählung ja bereits erahnen ließ. „Täuscht euch nicht. Ein Ausflug nach Es Vedrà ist abenteuerlich. Und selten kam jemand ohne Abenteuer zurück. Aber wenn euer einziges Abenteuer die verschrammte Anita ist, habt ihr euch jetzt eine abenteuerliche Paella à la Chef verdient."

Wir nahmen an der langen Tafel Platz, naschten Oliven und selbst gemachte Aioli. Kalle verteilte großzügig Vino de la tierra de Ibiza und eiskaltes Wasser, das mit Limettenscheiben versetzt war. Nach unserem Es Vedrà-Ausflug hatten wir jede Menge Energie und Erfrischung nötig – ob Strand- oder Kletteryogi. Saftige Hühnchenbrocken und Gambas zierten die Paella und unsere Gaumen, und wir verputzten drei XXL-Pfannen, ohne auch nur an Kalorien, Kohlehydrate am Abend oder vegetarischen Lebenswandel zu denken. Kalle freute sich über unseren Appetit, und Mona charmierte die gesamte Yogi-Truppe, um einen Happen zu erwischen, der ihr nicht verwehrt blieb. Wir kuschelten uns in unsere Fleece-Jacken, wollten nicht frösteln und genossen die gehaltvolle Stärkung aus ganzem Herzen.

Wir lästerten über Yuppie-Chefs und neidische Nachbarinnen, elende Exfreunde und missionierende Yogis. Der Abend war lang und zünftig, und ich wünschte, dass er nie aufhören würde. Bis Mona mich am Ärmel zupfte. Sie war mein mahnender Weckruf und bedeutete mir, endlich schlafen zu gehen. Ich streichelte ihr verliebt über das schwarze Fell, und sie kuschelte ihre Schnauze in mein Shirt, das nach Paella duftete.

Zeit für einen tiefen Schlaf, Zeit für süße Träume nach einem magischen Tag. Wir marschierten zu zweit noch ein wenig den Feldweg der Finca auf und ab, bis Mona sich gelöst hatte, und huschten schnurstracks in die Koje bzw. ins Körbchen.

Ich träumte in dieser Nacht sehr wirr, versuchte, Es Vedrà hochzuklettern, rutschte immer wieder ab und konnte unvernünftigerweise nicht aufhören zu kraxeln. Tief unter mir saßen meine ehemaligen Arbeitskollegen in einem Schlauchboot und winkten nervös – ich solle endlich mit dem Quatsch aufhören und zurück zu ihnen ins Boot kommen.

Ich wollte nicht und kämpfte weiter. Wenn ich erst oben auf Es Vedrà angekommen war, würde ich mit einem fantastischen Ausblick belohnt. Dann hätte ich Es Vedrà, dann hätte ich Ibiza bezwungen. Aber war das meine Aufgabe auf der Insel?

Ich wachte schweißgebadet auf – neben mir Mona, die ebenfalls zu träumen schien. Allerdings friedlicher: Sie wedelte mit dem Schwanz und ruderte seitlings mit ihren kleinen Beinchen in der Luft. Nein, Sorgen machte sich die Kleine wohl nicht. Vielmehr schien sie auf der Suche nach einem besonders leckeren Schatz zu sein. The easy way of life. Ich sollte mir ein Beispiel an meiner Hündin nehmen!

Ich kuschelte mich an sie, aber nicht lange, denn schon dudelte der Wecker los. Zeit für Yoga, summte er bestimmend. Ich streckte mich und war mit einem Satz in meinen Yoga-Klamotten. Die anstrengende Morgensession mit Elisa würde mich wieder erden und den Traum der vergangenen Nacht wegspülen.

Gesagt, getan. Und damit nicht genug: Nach dem Frühstück stand mein „Vorstellungsgespräch" bei einem Kunden an, den Kalle mir vermittelt hatte. Philippe – französischer Jungunternehmer, gut aussehend, smart, zeitweise liiert und unglaublich reich – so lautete Kalles Kurzcharakterisierung. „Wenn du mich fragst, das kann nicht mit rechten Dingen zugehen", brummte Kalle. Seine Villa bei Aguas Blancas im Nordosten schätzte Kalle auf drei Millionen. „Ich meine, der Kerl ist gerade mal 35. Und macht Kohle mit Clubs in Paris. Aber …", lenkte er ein, „er zahlt gut und pünktlich. Und bislang kam er nicht auf verrückte Ideen. Sprich, du musst keine Kindergeburtstage mit Pony organisieren – weil er keine hat. Und er mag Hunde – du darfst, nein du sollst Mona ausdrücklich mitbringen."

Ich war die Zuversicht in Person. Wir düsten im Jeep gen Norden, vorbei am Hippiemarkt in San Carlos und vorbei an Anitas Bar. Die ibizenkische Kultbar liegt in einer Kurve, und wer an den winzigen Tischchen Platz nimmt, muss aufpassen, dass seine Füße nicht von schnittigen Schlitten abgemäht werden, die hier gerne die Kurve schneiden. Anitas Bar ist mit einem Wort „urig". Damals der Hotspot der ländlichen Hippie-Community – heute eine Lebensphilosophie, die von ihrem ursprünglichen Charakter nichts eingebüßt hat. Obwohl Einheimische und Touristen, aber auch Stars hier ganz gemütlich zusammen trinken und essen. Nina Hagen und Niki Lauda waren schon da. Die Holzbriefkästen der Dorfgemeinde und die Telefonkabine sind trotzdem nicht dem Rummel um Anitas Bar gewichen, und die herzliche Atmosphäre und die ibizenkischen Köstlichkeiten genießen die Gäste Seite an Seite – ohne Unterschied, ohne VIP-Bereich.

Für ein Gläschen hatten Kalle und ich leider keine Zeit – Philippe und seine Finca warteten auf uns. Und wirklich: Er begrüßte uns, die Arme ausgebreitet und ein Mr.-Smart-Lächeln im Gesicht.

„Bienvenue!“, schmetterte er uns entgegen, und ich sah mir seine Pupillen etwas genauer an – möglich, dass Kalle mit seinen Mutmaßungen recht hatte. Keine Spur von Koks-Konsum, dafür ein Duftnebel, der mich ganz schwindelig werden ließ. Vermutlich betäubte er seine Damenbekanntschaften mit diesem Parfum und ...

„Ahhhhhh, le chien ...“, rief er aus. Mona trottete vergnügt auf ihn zu und ließ sich ausgiebig knuddeln. Der Mann schien okay zu sein. So viel Vertrauen fasste sie bei Fremden sonst selten. Philippe war stolz, uns sein Haus zu zeigen: eine traumhafte Bauhaus-Villa mit Blick auf die See, deren Pool über die Klippen ins Meer zu führen schien. Im Garten ein Beduinenzelt, das wohl als Herberge der letzten Party diente. Und ein herrlich einladendes Day-Bett, das mit dicken reinweißen Polstern mehr zur Siesta denn zur Gartenarbeit einlud. Aber dafür sollte ich ja nun im 900 Quadratmeter großen Areal zuständig sein. Die XXL-Palmen pflegen, die Pool-Bar regelmäßig neu ausstatten und das Innere des Hauses in Schuss halten. Alle zwei Wochen wollte er im Sommer herkommen – mal zwei Tage, mal eine Woche oder länger. „Hängt von meiner Agenda ab, verstehst du?“ Ah, er duzte mich ungefragt. Noch ehe ich überlegen konnte, ob die Clubszene daran schuld war oder mein Standing als Hausmädchen, wedelte er weiter ins Innere der Villa.

„Kannst du kochen?“, fragte er kritisch. Ich zuckte mit den Achseln. „Ja, Kaffee, thailändische Gerichte und Muscheln – die aber dafür richtig gut“, grummelte ich. „Ah ja, und meine selbst gemachten Karotten-Hundekuchen sind der Hit.“ Ich erntete ein verschmitztes Lächeln und eine Liste mit Caterern, die er mir in die Hand drückte. „Ich trinke keinen Kaffee – ausschließlich grünen Tee und Wodka-Red-Bull oder Champagner. Von Thailändisch bekomme ich Sodbrennen, und ich habe eine Muschel-Allergie!" So wenig Gourmet-Toleranz hatte ich bei einem Franzosen nicht vermutet.

„Aber gut, du scheinst Geschmack zu haben. Dann weichen wir auf die Caterer aus für die Partys. Die Menüs stellst du zusammen – und ich gebe das Okay. Alles klar?"

„Kommt drauf an – wenn das mein Einstellungskriterium ist", gab ich ironisch zurück.

„Nein, ist es nicht. Aber ich habe mich entschieden. Ich kann mit dir in meiner Muttersprache sprechen – Spanisch brauchst du aber trotzdem. Und: Du musst dich hier melden. Krumme Dinger mache ich nicht."

Kalle und ich guckten uns vielsagend an.

„Hast du schon eine N.I.E.-Nummer?", fragte mein neuer Chef.

„Nö. Aber ich arbeite ja auch noch gar nicht."

„Dann kümmere dich drum – aber dalli. Erst dann fängst du hier an."

Offenbar hatte Monsieur Charmant mit „krummen Dingern" schlechte Erfahrungen gemacht.

Mit so klaren Anweisungen traten Kalle und ich die Rückfahrt ins Vida Loca auf unserer Heim-Finca an.

„N.I.E.-Nummer. Nie gehört wäre übertrieben, aber Behördengänge ... da drück ich mich gerne drum. Na ja, muss jetzt wohl sein", gab ich zu.

„Er hat recht. Du brauchst dringend die spanische Steuernummer für Ausländer. Sie ist die Grundvoraussetzung, um hier überhaupt geschäftlich tätig zu werden. Und du brauchst sie auch, wenn du einen Mietvertrag unterschreibst oder ein Konto eröffnen willst."

„Ich weiß, ich weiß. Und zur Ausweisung dient sie ebenfalls. Número de Identidad de Extranjero – Identifikationsnummer für Ausländer. Hab mich schon im Netz schlaugemacht."

* * *

Der Hinweis auf den Behördengang war für mich der definitive Nackenschlag. Anne, du bist nicht zum Spaß hier! Ich weiß nicht mal, warum, aber ich hasse Behördengänge – obwohl ich immer gute Erfahrungen gemacht hatte, freundlich behandelt wurde und Behörden meist Service-orientierter als jeden Versicherungsvertreter erlebt hatte.

Auch Tanken und Bankgeschäfte gehören in diesen Kanon aus lästigen Tätigkeiten, deren Last ich nicht mal erklären kann. Und ich hoffte ja inständig, dass auf Ibiza alles leicht und locker von der Hand gehen würde. Und war ertappt.

Ich wollte natürlich meinen Ibiza-Traum nicht zerplatzen lassen und fand mich am nächsten Tag mit Elisa in Ibiza-Stadt wieder. Nicht etwa, um zu shoppen, sondern um die unumgängliche NIE-Nummer zu ergattern.

Merkwürdigerweise ist die richtige Anlaufstelle hier aber nicht das Finanzamt, sondern schlicht die Polizei. Eine halbe Stunde später hatte ich meine Bürokratie-Tortur mit einer geduldigen Elisa hinter mich gebracht. Rund drei Wochen, versicherte mir der Polizeibeamte, müsse ich auf die begehrte Lizenz zum Brötchenverdienen warten, und dann konnte es losgehen.

Den Ausblick auf drei weitere Wochen süßes Nichtstun mussten Elisa und ich erst mal im Yachthafen feiern.

Und obwohl mein Portemonnaie derlei Eskapaden nicht wirklich guthieß, bestellten wir Cava und Tapas. Ob ich mir denn wirklich sicher sei mit meinem Housekeeping-Job, wollte Elisa wissen. Und ob ich das war, wie sonst sollte ich die Insel und ihre Menschen besser kennenlernen – na ja, und Neureiche gehören nun mal eben dazu.

Genau wie eben jene, die an uns vorbeistöckelten. Blonde Grazien – von grau melierten Slipperträgern am Yachthafen spazieren geführt. Ob ich tauschen wolle, fragte mich Elisa.

Ich musterte die Grazien genauer: Dicke, aufgespritzte Lippen, dafür überdimensionierte Beine mit kurzen Röcken und viel Geklimper, so ein Leben muss verdammt anstrengend sein. Die Tyrannei des Luxus. Ein Wettkampf, den man auf der magischen Insel kaum gewinnen kann. Immer gibt es eine größere Yacht, eine schönere Frau, ein luxuriöseres Haus – alles „Dinge", die man hier kaufen kann. Und weil man(n) es eben auf Ibiza kauft, schwingt eine Prise Laisser-faire mit, ein Hauch von Freiheit und Bohème. Wie praktisch. Nein, so wollte ich nicht sein. Andererseits konnte es durchaus praktisch sein, sich ganz auf Strand, Land und Yoga zu konzentrieren und am Pacha nicht anstehen zu müssen, insbesondere nicht in den Killerheels.

„Ein bisschen viel Klischee, oder?", fragte ich Elisa.

„Nein, gar nicht. Viele kommen zum Yoga zu mir. Glaub mir, die meisten sind nicht besonders glücklich. Trotz atemberaubendem Meerblick in ihrer Villa, trotz teurem Fummel und vielen ‚Freunden'. Sie wirken unruhig, getrieben – immer auf der Suche, ihr Selbst zu optimieren, meist, ohne es zu merken. In der Entspannung brechen manche in Tränen aus. Dann kommt der ganze

Druck raus. Ich meine, wer will das? Noch dazu einen ollen alten Liebhaber?"

Wir mussten lachen. Gerade als eine der dürren Diven am Arm ihres vergreisten, aber millionenschweren Lovers abschmierte – Bordstein übersehen – zu viel Schampus in der Mittagssonne gesüffelt. Wir flanierten an den Yachten vorbei und überlegten, welche wir wohl kapern könnten. Ein Traum in Royalblau namens „Liberté" war mein Favorit. Und als ich Elisa gerade lang und breit erklärte, wie wir möglicherweise mal einen Blick von innen auf das schwimmende Loft werfen könnten, winkte mir jemand vom Boot aus zu.

Da stand er: Philippe, mein Chef in spe – ganz in Weiß und Blau gekleidet, comme il faut –, und bedeutete uns, sein schwimmendes Heiligtum zu besichtigen. Ich war begeistert. Luxus zur Miete war schließlich okay. Die Innenausstattung war vom Feinsten. Weißes Leder allüberall, eine Bar, eine Hightech-Küche und ein XXL-Lounge-Bett, das vor allem seinen Bekanntschaften gefallen dürfte, die für ein oder zwei Nächte anheuerten. Von Kalle wusste ich, dass die Yacht Philippe mal als Partyboot, mal als Location für ein abgeschiedenes Tête-à-Tête vor Formentera diente.

„Gut, dass du da bist, Anne! Ich wollte dir das Boot ohnehin zeigen. Es macht dir doch nichts aus, wenn du dich hierum auch ein wenig kümmerst? Ab und an hab ich Freunde zu Gast, und dann sollen sie sich richtig wohlfühlen."

Elisa und ich schauten uns verstohlen an. Ich stammelte.

„Wie meinst du ...?"

„Na, Blumengestecke arrangieren, Obst und Getränke

nachfüllen und Playlists für die Anlage zusammenstellen. Du kennst dich doch mit House aus, oder?"

„Ja, klar, House-Keeping im wahrsten Sinne des Wortes", lächelte ich erleichtert. „Das sollte drin sein!"

Mein Chef war zufrieden. Wir plauderten noch ein wenig belangloses Zeug, und als die ersten Models aufs Boot stiegen, machten Elisa und ich uns aus dem Staub. Eigentlich war ich viel zu neugierig und wollte gerne bleiben. Nur allzu gerne hätte ich gewusst, was hinter Philippes neureicher Fassade steckte. Als hätte Elisa meine Gedanken erahnt, stupste sie mich an: „Mal ehrlich, eigentlich hätten wir uns die Orgie auch anschauen können. Rein aus Recherchegründen. Immerhin musst du doch wissen, welche Champagnermarke wann und wo angebracht ist, ob die Kissen richtig arrangiert sind und ob alle um fünf Uhr morgens auch noch so gut gestylt und fröhlich sind, oder ob dann der große Katzenjammer verdrängter Einsamkeit einsetzt. Wie gesagt, aus Recherchegründen ..."

„Ich vermute, dass Philippe uns noch früh genug in die Geheimnisse seiner Ibiza-Eskapaden einweihen wird, liebe Elisa. Traurige Geständnisse inklusive", mutmaßte ich. Und war mir sicher, dass sich hinter seiner festiven Fassade eine allzu sensible Seele verbirgt. Aber vielleicht wollte ich die Abgründe nur erahnen und nicht wirklich erspüren. Großspurigkeit – auch solche, die von tiefer Verunsicherung getrieben war – war noch nie mein Fall.

„Ich finde, man sollte zu seiner sensiblen Seele stehen", erklärte ich tapfer. „Zu viel dumpfe Betäubung macht die Sache nur schlimmer." Und wenn du mit aller Kraft verdrängst, rächt sich dein inneres Schattenkabinett wie ein Schachtelteufel. Ich wusste, wovon ich sprach.

Elisa nickte wortlos.

Ich fragte mich, ob die Chichi-Facette der Insel das alles zu kompensieren vermochte. Ob Ibizas Aussteiger-Charme und uferlose Gelage vielleicht doch eine wirksame Kombi gegen Einsamkeit für zarte Charaktere waren. Einige Ibiza-Größen schienen zumindest diesen Weg jahrelang erfolgreich zu gehen. Für mch stand fest – ich könnte es nicht. All meine Emotionen würden übersprudeln – wie eine Champagnerflasche, die man zu warm gelagert und dann zu heftig geschüttelt hätte.

Und doch konnte ich verstehen, wieso die Vision grenzenloser Dekadenz so verführerisch war. Man fühlte sich als Teil der Bohème mit ihren eigenen Regeln. Viel früher in meinem Leben hatte ich davon gekostet – und mich nach einiger Zeit dagegen entschieden. Ich suchte nach etwas anderem. Aber ich mochte die Bühne dieser heimlichen Poeten. In ihrem Rampenlicht, so hatte ich mir geschworen, wollte ich nie wieder stehen. Auch wenn Ibiza dafür der perfekte Platz gewesen wäre.

Ich freute mich, meine Bohème-Studien fortzusetzen. Als Beobachter, als Wissenschaftler, nicht aber als Teilnehmer an diesem kostspieligen Versuch.

* * *

Wir verließen den Yachthafen bei Sonnenuntergang, brausten über die Hügel und genossen den Ausblick auf das Meer. Nur fünfzehn Minuten später waren wir wieder auf Elisas Finca, wo Räucherstäbchenduft und ein fluchender Kalle uns in eine andere, in unsere Welt zurückholten.

„Was fluchst du denn so?“, fragte Elisa ganz yogisch in Kalles Richtung. „Du störst das Karma meiner Schüler.“ Wir kicherten.

„Anne, mal ehrlich ...“, Kalle war außer sich. „Guck dir das an ...!!!! Ich habe heute früh diese Palmen gepflanzt.“ Kalle deutete auf riesige Erdlöcher.

„Wo?“, machte ich verdutzt und starrte auf die Löcher rund um den Swimmingpool.

„Na hier ...“ Er zeigte etwas weiter, wo die noch zarten Pflänzchen in der Wiese verstreut waren.

Ich ahnte Böses. „Und der schwarze Teufel hier“, er deutete auf Mona, „hat alle wieder rausgezerrt und zerzaust.“ Mir stieg die Schamesröte ins Gesicht. Mona liebte Buddelspiele. Wann immer ich mit ihr im Garten gearbeitet hatte, fühlte sie sich animiert, es mir gleichzutun. Ein Spiel quasi. Zum Nachteil des ambitionierten Gärtners. Ich entschuldigte mich für meinen verspielten Wauzi, konnte ihm aber nicht böse sein, setzte Kaffee für Elisa und Kalle auf und verbrachte den Rest des Abends ebenfalls buddelnd – um die Palmen wieder einzupflanzen und herzurichten.

* * *

Mein dreißigster Geburtstag stand vor der Tür, und ich erwartete meinen Schatz für eine mehrtägige Feier – Marke Tête-à-Tête. Ein neues Jahrzehnt in einem neuen Zuhause mit einem neuen Mann. Alle Zeichen standen auf Aufbruch. „Jedem Anfang wohnt ein Zauber inne“, meinte Hermann Hesse einst. Und er hatte recht. Ich genoss ihn in allen Zügen. Hätte mir jemand zehn Jahre zuvor prophezeit, dass ich angesichts der dreißig so euphorisch sein würde, ich hätte ihn für „ziemlich daneben“ gehalten. Aber meine große Schwester, inzwischen 42, hatte mir versichert, dass alles nur besser würde. Man sei entspannter mit sich selbst, gefestigter eben. Ich konnte es also kaum erwarten.

Und weil ich eben, ganz unentspannt, nur allzu ungern Dinge dem Zufall überließ, hatte ich das große Fest zu zweit natürlich minutiös durchgetaktet. Samt Yoga-Session an meinem Dreißigsten, Restaurant-Besuch in meinem Lieblingsrestaurant Casa Colonial und Strandbesuch um Punkt Mitternacht zum Reinfeiern. Entspannt, gefestigt und ibizenkisch klang das eben nicht gerade. Aber was sollte ich gegen mein Kopfkino tun. Noch war es sehr mächtig, und ich war mir nicht sicher, ob sich das ab dreißig ändern würde. Knapp eine Woche vor dem großen Tag reiste Patrick an. Ich war außer mir vor Freude. Zu lang waren die Wochen, die Tage, die Stunden und Minuten ohne ihn. Als er mir am Flughafen entgegenkam, machte mein Hirn nur unmissverständliche Kapriolen. „Wow!“ beschrieb es wohl am treffendsten. Wir fielen uns um den Hals und küssten uns, als gäbe es kein Morgen.

Mir ist selbstverständlich bewusst, dass diese Geschichte mit einem heißen Ibizenko viel besser verkauft würde. Aber, liebe Leserin, lieber Leser, damit kann ich nun mal nicht aufwarten. Ich war diesem Mann verfallen – und vielleicht tröstet die Vorstellung, dass er perfekt Spanisch sprach und mit gebräuntem Teint ebenso gut als gebürtiger Spanier durchgehen würde.

Auf der Rückfahrt zur Finca wollte ich nicht reden, sondern einfach nur seine Präsenz genießen. Auch Mona begrüßte ihn überschwänglich. Und ich freute mich, zu sehen, wie natürlich er sich in meinem neuen Zuhause bewegte. Wir wollten in dieser Nacht keine Minute mit Schlaf vergeuden und waren am nächsten Morgen ebenso müde.

Aber die sanfte Seeluft, der Pinienduft und die leuchtenden Farben, die mir in diesen Tagen noch intensiver erschienen, hielten unseren Puls hoch.

Ich hatte für Patrick und mich eine Yoga-Session bei einer befreundeten Yoga-Lehrerin im Norden Ibizas gebucht. Es war Patricks erste Yoga-Stunde. Obwohl er skeptisch war, ob Yoga nicht doch eine Spur zu esoterisch für ihn sein würde, konnte ich ihn überzeugen. Als Golfer wäre er geradezu prädestiniert für Yoga.

Diese Kraft, die aus Ruhe und Konzentration kommt, diese Stärke der inneren Sammlung ... Ich weiß heute, dass ihn weniger meine abstrusen Argumente überzeugten als die Verliebtheit, einen zarten Versuch zu wagen. Ich war also ganz in Weiß gekleidet, als er sich zweifelnd vor meinem Ganzkörperspiegel wendete. Ich betrachtete ihn von hinten. Auch er trug weiße kurze Hosen und ein weißes Shirt.

„Kann ich so gehen?“, fragte er unsicher.

„Perfekt“, bewunderte ich seine kenntnisreiche Klamotten-Auswahl.

Doch als sich mein Schatz mir zuwendete, bereute ich mein Urteil umgehend. Auf seinem Shirt prangte ein XXL-Totenkopf, den er ganz ohne Ironie, leicht unsicher präsentierte.

Ich winkte ab. Bei aller Liebe – ein No-Go für Yoga. Bitte umziehen, wies ich ihn an. Und er tauschte sein morbides In-Shirt gegen ein simples weißes. Ganz der Yogi. Das fand auch unsere Yoga-Lehrerin, und sie wollte kaum glauben, dass der Mann noch nie den Hund mit der Schnauze nach unten, die Kobra oder den Kopfstand versucht hatte.

Sie wohnte in einem Traum aus Lila und Rosé. Das winzige Haus in den Bergen lag im wunderbaren Norden Ibizas bei Sant Joan. Wir schlängelten uns per Jeep die rasanten Kurvenstraßen entlang und hätten vor lauter Landschaftswonne beinahe den kleinen Kiesweg verpasst, auf den ein winziges Hinweisschild aufmerksam machte. Wir zogen ehrfürchtig unsere Schuhe aus und betraten den Yoga-Raum, der mit so viel Hingabe, Rosé und Lila eingerichtet war, dass mir ganz warm ums Herz wurde.

Patrick, dessen Esoterikskepsis bislang nur mühevoll von den Schmetterlingen in seinem Bauch zurückgehalten wurde, schaute mich fragend an. Ich konterte mit einem Blick, der etwa sagen wollte: „Siehste, gut, dass das Totenkopf-Shirt zu Hause geblieben ist, setz dich hin, wage nicht, ein Wort des Nichtgefallens zu äußern, und tu, was sie sagt."

Der Telepathieversuch mit meinem Liebsten schien erfolgreich zu sein. Er ließ sich auf die roséfarbene Yoga-Matte plumpsen und setzte sich, ohne zu zögern, in den Lotussitz. Ich war verblüfft.

Bei sengenden dreißig Grad Mittagshitze machten wir uns daran, unseren Körper und Geist zu verdrehen, atmeten, gingen an unseren Grenzen, zitterten vor Anspannung und genossen das Glücksgefühl, das unseren Körper nach jeder Asana durchströmte. Doch, Yoga hat etwas von verdammt gutem Sex – und wird außerdem von der Krankenkasse bezuschusst.

Die Entspannung war für alle gleichermaßen eine

Wohltat, und Patrick versetzte sie sogleich in Tiefschlaf, was grundsätzlich ein gutes Zeichen, aber leider auch von sägendem Schnarchen begleitet war. Um meine Entspannung war es augenblicklich geschehen.

„Soll ich ihn wecken?", nuschelte ich in Richtung Yoga-Lehrerin.

„Nein", raunte sie. „Er ist tiefenentspannt. Bloß nicht wecken!"

Ich hoffte, dass seine Tiefenentspannung entweder gleich vorüber war oder aber wenigstens nachhaltige Effekte wie Yoga-Euphorie hervorbringen würde. Ich wurde doppelt enttäuscht: Erstens dauerte das Gesäge noch gute fünfzehn Minuten, und zweitens offenbarte er sich, unmittelbar nachdem wir in den Jeep gestiegen waren:

„Schatz, mir tut jetzt schon alles weh. Ich habe Yoga dir zuliebe getestet, und ich komme auch zur Session an deinem Geburtstag mit. Aber das war's dann. Yoga bringt mich um. Und überhaupt, hast du die riesigen Diamanten gesehen, die sie im Fenster hängen hat?"

„Ja. Die glitzern schön, nicht wahr? Aber keine Angst, es sind Kristalle, die negative Strahlen abfangen sollen. Yoga-Lehrer können es sich in aller Regel nicht leisten, Diamanten in ihr Schaufenster zu hängen."

Wir lachten laut auf unserer Serpentinenfahrt, die uns an die schönsten Buchten im Norden führte. So gedehnt, gestreckt und freigeatmet schien die Sonne noch einen Tick intensiver, und das Blau und Grün, das uns umgab, leuchtete stärker als zuvor. In Portinatx, dem nördlichsten Zipfel, legten wir einen Zwischenstopp ein. Es war herrlich, so ganz unbeschwert und ohne Ziel auf diesem wunderbaren Fleckchen Erde herumzudüsen. Keine lebenswichtigen Entscheidungen zu treffen und lediglich zwischen Cafè Cortado und Cafè Bombòn zu wählen. Das taten wir dann auch in einem kleinen Strandcafé mit bunten Plastiksonnenschirmen. Wir hatten alles Glück und alle Zeit der Welt. Ich fragte José, den Kellner, nach dem schönsten nächstgelegenen Strand.

„Cala d'en Serra“, kam prompt aus seinem Mund. Er erklärte uns den Weg: „Richtung Sant Joan, dann die Erste links, dem Weg folgen, den Berg runterfahren und wenn ihr die Hotelruinen seht, seid ihr richtig.“

Ich mochte die wunderbaren Wegbeschreibungen der Ibizenkos, die zwangsläufig ohne Straßennamen auskommen mussten. Wir setzen unseren Trip gen Paradies fort und fanden: eine wunderbare kleine Bucht, die man sich über einen holprigen Weg zu Fuß erkämpfen musste. Das Wasser leuchtete türkis, und Kieselsteine piksten unter unseren Füßen. Wir setzten uns an die Strandbar und genossen einen XXL-Smoothie – mit zwei Strohhalmen, versteht sich. Patrick malte Sonnen mit Creme auf meine Haut. So labten wir uns am Wetter und an der sehr erträglichen Leichtigkeit des Seins. Ein Schwimmchen zur Abkühlung, das uns nicht mal die paar Quallen um uns vermiesen konnten, tat sein Übriges. Es war Siesta – und wir genossen sie in vollen Zügen. Auch dank des etwas abgelegenen Felsvorsprungs, den wir einige hundert Meter weiter entdeckten und wo wir die Gunst der Stunde auskosteten. Wir krönten Cala d'en Serra zu unserer Bucht. Es war ein klarer Fall. Es war genau jetzt, für uns, der schönste Ort auf der Welt. Mindestens.

Ich wollte nicht an das Verfallsdatum des Liebesrauschs der ersten Wochen denken. Nicht jetzt. Ich wollte unvernünftig sein und alles geben. Auch auf die Gefahr hin, dass bei den gemeinhin bekannten Tücken der Liebe mein allzu zartes Herz zersplittern würde. Ich wusste – auf Ibiza könnte ich es bewältigen. Irgendwie.

Es war diese Zeit, zu der man mit dem Geliebten im Knast sitzen könnte, es romantisch fände und die Hormone ihren Tanz tanzen lässt. Es war die Zeit, in der selbst Männer zugeben, dass sie Sonnenuntergänge recht romantisch finden. Es war Hoch-Zeit. Und ich war dankbar, sie hier erleben zu dürfen.

* * *

Am nächsten Tag war meine N.I.E.-Nummer fertig. Ich freute mich natürlich über die gemeisterte Hürde der Bürokratie. Aber die Nachricht platzte dann doch etwas zu schnell in meine Honeymoon-Idylle. Zum Glück gibt's Geschenke. Vor mir stand mein Angebeteter, der mein Mona-Lisa-Lächeln angesichts der N.I.E.-News wohl bemerkt hatte, und reichte mir ein Päckchen. Es war weich und nach Männer-Manier verpackt. Oha, ein Kleidungsstück.

Ich fand es ziemlich gewagt, dass er sich nach wenigen Wochen mit mir zutraute, einen Volltreffer für meinen Stil zu wagen, und guckte schon ein bisschen mitleidig. Was ich auspackte, übertraf alle Liebesgaben, die ich je bekommen hatte. Ein Tank Top mit der Aufschrift Funky Princess, das er eigens auf meinen Namen zugeschneidert hatte.

„Und das ist erst der Anfang", lächelte Patrick siegesgewiss, als er meine freudig entgleisten Gesichtszüge sah.

„Es gibt eine ganze Kollektion davon, und jeden Tag bis zu deinem Geburtstag bekommst du jeweils ein Teil."

Wow, der Mann hatte mir sogar zugehört. Irgendwann hatte ich ihm beiläufig gebeichtet, dass ich eine unglaubliche Schwäche für meinen eigenen Geburtstag hatte. Was rein narzisstisch anmutet, ist aber bloße und harmlose Freude, sich die Feste der Kindheit in den schillerndsten Farben zu gestalten, und ich freute mich, dass Patrick mir dabei half. Denn offenbar hatte er meinen eigens kreierten Brauch, jeweils eine Woche vor und nach meinem Geburtstag durchzufeiern, ernst genommen. Es war Pre-Birthday, und ich fand großen Gefallen daran, dass der Mann, den ich liebte, meine kindliche Leidenschaft fürs Wiegenfest offenbar verstand. Ich schlüpfte in das froschgrüne Prinzessinnen-Shirt, und auf ging's zum Strand. Heute waren die Strände im Süden fällig. Wir durchquerten das Naturschutzgebiet Las Salinas mit seinen Wasserbecken und den schmalen Straßen, die fast in den Salzseen verschwanden.

In der Sonne glitzerten die weißen Salzberge wie ein Versprechen auf einen kostbaren Tag. Parkplätze sind hier im Hochsommer Mangelware, aber Anfang Juni konnten wir noch gemütlich direkt vor dem Strandaufgang und den sanften Dünen ein Plätzchen ergattern.

Patrick schulterte die Strandtasche, die ich mit allerlei Köstlichkeiten von Gummibärchen über Oliven bis hin zu Schampus mit allem gepackt hatte, was unser Herz begehrte. Wir stapften vorbei am schicken Jockey-Club und bogen nach links ab. Die Regeln waren hier einfach: rechts Schickimicki – links Hippies, Nudisten, House-Fans und alle, die keine Unsummen für eine geschmeidige weiße Strandliege ausgeben wollten.

Wir stoppten an meiner Lieblingsbar Sa Trinxa und bereiteten uns ein gemütliches Liegeplätzchen im Sand, das ich mit XXL-Buddha-Tüchern dekorierte. Ein Souvenir vom Hippiemarkt. Am Horizont konnten wir Formentera erkennen. Vom Sonnenschirm geschützt, konnte man hier ungeniert V.I.P.-Watching betreiben. Ich erkannte einen berühmten DJ, der sich selbst tanzend auf dem berühmten grünen Steg der Bar inszenierte. Schon mittags werden hier zu gut gekühlten Drinks schweißtreibende Beats serviert. Und wer was auf sich hält, tanzt eben auf dem Steg oder im kristallklaren flachen Wasser. Gut trainierte Körper waren hier ein Muss. Orangenhaut und Hühnerbrüste lagerten naturgemäß weiter hinten in Richtung der Dünen. Seit den Siebzigerjahren hatte sich die Bar kaum verändert. Simples Ambiente, aber hochgeschätzte Gäste und, na ja, die Musik klang stark nach dem dritten Jahrtausend. Gedankenverloren streichelte ich Patricks Arm, als mein Handy mich aus meinem Tagtraum riss.

Philippe! Was wollte der schon wieder?

Ich ging ran: „Hallo? Wer stört?“

Stille am anderen Ende. Das mochte mein neuer Boss wohl gar nicht, dass man seine Autorität auch nur scherzhaft antastete.

„Hallo, Anne. Wie ich höre, ist deine N.I.E.-Nummer endlich da. Ich brauche dich morgen. Wir feiern am Wochenende eine Party – kurzfristig. Fünfzig Gäste. Kümmerst du dich?“

Ich hatte nicht mal einen Arbeitsvertrag und sollte schon auf Abruf zur Verfügung stehen. Noch dazu kam mein eigener Geburtstag – und Patricks Besuch.

Ich grummelte.

„Sorry. Ich feiere selbst. Habe Pre-Birthday. Geht leider nicht!“

Wieder Sprachlosigkeit.

Patrick schüttelte neben mir heftig den Kopf und kritzelte mit Kugelschreiber „Sag zu!“ auf mein Knie.

Ich zögerte kurz und meinte dann: „Scherzo. Wir sind dabei. Mein Freund ist gerade bei mir. Aber wir gehen natürlich davon aus, dass wir ebenfalls eingeladen werden!“ Ich musste lachen.

„Geht klar!“, meinte Philippe. „Wann könnt ihr bei mir sein? Es gibt viel zu tun.“

Zwei Stunden später fuhren wir bei Philippes Villa vor. Patrick stupste mich in die Seite, als Philippe mit seinem Schlendergang die Treppe der Villa hinabstieg. Ich merkte, dass mein Schatz kurz das Konkurrenz-Potenzial meines neuen Chefs screente, um ihm dann freundlich und bestimmt die Hand zu geben. Philippe, das musste ich zugeben, war trotz seiner merkwürdigen Starallüren und seinem unermesslichen Reichtum ein sympathischer Typ, den man durchaus mit Lederjacke am Tresen einer schicken Bar treffen und auf Anhieb sympathisch finden konnte. Ich blieb dabei.

Der hoffnungsfrohe Gastgeber deklarierte seine Party zwar als „Apéro“ – also einen kleinen Empfang –, untertrieb aber maßlos damit. Wir schleppten Tische, riesige Kerzenleuchter, marokkanische Lampen für den Hippieflair und dicke weiße Polster, die auf Mahagoni-Futons rund um den Pool gebettet wurden. Weiß meets Pink-Orange. Mit seiner Beleuchtung lag Philippe voll im Trend der ibizenkischen Strandbars. Die Gläser sollten schön poliert als Pyramide gestapelt werden, die Palmen mit Lampions geschmückt und das ein oder andere lauschige Eckchen verstreut im Garten jenseits des Rampenlichts eingerichtet werden. Doch, Philippe gönnte seinen Gästen intime Momente und ging dabei zweifelsohne von seinem eigenen Geschmack einer schweißtreibenden Partynacht aus. Wir gehorchten, räumten, rückten, dekorierten.

Nach fünf Stunden waren wir alle drei verzückt, ließen uns auf die Pool-Lounge plumpsen und genossen den Ausblick aufs Meer. Mein Chef ließ sich nicht lumpen, entkorkte eigenhändig eine Flasche Schampus, und wir stießen auf meinen Pre-Birthday an.

„Sag mal, wie sieht's eigentlich mit Nahrung für deine Partygäste aus? Oder willst du es bei Flüssigkalorien und Erdbeeren zum Champagner belassen?"

Philippe grinste nonchalant: „Alles schon organisiert. Catering. Es gibt ein ibizenkisches Barbecue."

„Yummy!", meinte ich erleichtert und ließ meinen Albtraum von einer schnippelnden Anne, die ganztägig in der Küche wirbeln musste, am Horizont im Meer versinken. Kochen war nicht wirklich mein Ding. Ich bewunderte zwar jeden Amateurkoch und hatte in meinem Freundeskreis jede Menge davon. Aber selbst kochen ..., das wollte ich niemandem zumuten. „Sehr gute Entscheidung, Philippe!", lobte ich meinen Chef. „Mein bester Freund Sven ist der Meinung, dass ich gänzlich unfähig bin zu kochen – außer vor Wut. Und er hat recht damit!"

Patrick warf mir einen verstohlenen Blick zu und grinste in sich hinein. Bislang war er von meinen Kochambitionen verschont geblieben. Dann und wann packten sie mich, wenn ich die „Neue Spargelküche" oder „Desserts zum Verführen" aus Frauenzeitschriften ausprobieren wollte. Aber meine Kreationen waren nie überzeugend. Weder für mich noch für meine Gäste. Jedem das, was er am besten kann. Und ich überließ den Kochlöffel aus Angst vor weiteren Blamagen lieber meinen talentierten Bekannten.

Ein Kostverächter war ich trotzdem nicht, und bei all den leckeren Gedanken merkte ich, wie mein Magen grummelte. Der Schampus, die Anstrengung, die Sonne hatten ihr Übriges getan, und ich war dankbar, als Patrick vorschlug, den Heimweg anzutreten, um Essbares zu „jagen".

Wir machten einen kurzen Zwischenstopp an der Finca, tauschten Strandklamotten gegen Jeans und weißes Hemd und brausten los. Ich hätte mich gut und gerne mit einem Bocadillo am Strand gesehen – Sonnenuntergang inklusive. Aber Patrick hatte Größeres vor. Seitdem wir neben unserer gegenseitigen Liebe auch die gemeinsame Leidenschaft für gutes frisches Brot und diverse Dipps entdeckt hatten, genossen wir diese heimliche, unausgewogene Freude so oft wie möglich. Aioli durfte dabei auf Ibiza nicht fehlen, und die Knoblauchküsse waren unser Gentleman's Agreement.

„Halt dich fest, Süße. Ich habe eine Überraschung für dich!", rief er erfreut, gab Gas und fuchtelte nervös am Navi rum – ein schwieriges Unterfangen auf unserem straßennamenlosen Paradies. Als er Richtung Industriegebiet kurz vor Ibiza-Stadt brauste, verging mir dann der Appetit beim Anblick und Geruch dicker gelber Schwefelwolken. Schon wollte ich das Navi neu justieren, als mein pragmatischer Verführer nach zwei, drei Abbiegemanövern abrupt abbremste. Wir waren dem Gestank entkommen und hielten vor einem riesigen Beduinenzelt nebst Pool und Terrasse. Patrick hielt mir die Wagentür auf, und ich schlüpfte zwischen langbeinigen Schönheiten ins Beduinenzelt.

„Hallo, da seid ihr ja!", begrüßte uns ein Mann, den ich nie zuvor in meinem Leben gesehen hatte, und wedelte uns herein. Musste der Boss sein. Hatte ich was verpasst? Patrick begrüßte ihn mit Handschlag, und er führte uns zum schönsten Platz im ganzen Etablissement. Patrick klärte mich auf: Es war, was ich vermutet hatte – das Saarländer-Spiel. Jeder kennt einen, der einen kennt, der einem weiterhilft, und das überall auf der Welt – und eben auch auf Ibiza.

Wir wurden schlichtweg verwöhnt – mit Garnelencurry und Ananas-Parfait. Eine Kopfmassage gab's nach dem Espresso, und ich fühlte mich einfach wunderbar.

Fünf Stunden später trudelten wir aus der Oase im ibizenkischen Industriegebiet und freuten uns über das allumfassende Saarländer-Netzwerk, das so viele köstliche Überraschungen bereithielt.

An das lukullische Tingeltangel auf meiner Lieblingsinsel konnte ich mich gewöhnen. Dumm nur, dass auf dem Eiland der unbegrenzten Möglichkeiten auch strenge Richtlinien für den Genuss herrschten. Zumindest für die Damen. Denn trotz omnipräsenter Appetithäppchen sollte man gefälligst auch selbst eines bleiben. Power-Yoga und harter Arbeit sei Dank, schafften es die meisten, Grazien zu bleiben.

* * *

Meine Appetithäppchen-Ambitionen belohnte ich tags darauf mit ausgiebigem Shopping in Ibiza-Stadt. Immerhin wollte ich an meinem Geburtstag nicht wie dreißig aussehen. Und doch: Dreißig ist besser als zwanzig, hatte meine große Schwester mir einen weisen und erprobten Rat in die neue Ära mitgegeben. Du bist relaxter, nicht mehr so selbstkritisch, und du lässt dir nicht mehr alles gefallen. Schöne Aussichten. Ich freute mich drauf und quetschte meinen Körper, der noch nicht so ganz à la Ibiza-Grazie anmutete, in kurze, weiße Kleidchen, schmückte mein Haar mit Bändern und wand mich kritisch vor den XXL-Spiegeln der Boutiquen. Und endlich glaubte ich einmal der elfenhaften Verkäuferin, die mir versicherte, dass das Kleid schlichtweg traumhaft an mir aussah.

Die Dreißig warf ihre bunten Schatten voraus. Ich kaufte. Dazu noch ein paar Sommerstiefel, ein Haarband und eine lange, goldene Kette, und mein Geburtstagsoutfit war perfekt. Shopping ist anstrengend und ein echter Kalorien-Burner. Deshalb schleppte ich Patrick zu Croissant Show am Fuße der Dalt Vila. Wir belohnten uns – sprich meine Entscheidungsfreudigkeit und seine Geduld – mit köstlichen Tartes und Kaffee vom Feinsten und genossen die Siesta.

Doch damit nicht genug, lockte uns der Obstmarkt direkt gegenüber. Wir kauften riesige, köstliche Kirschen und genossen sie direkt aus der Tüte. Ticktack – die Dreißig rückte näher, und sie machte mir nicht mal Angst.

„Um Mitternacht will ich am Meer reinfeiern", platzte es aus mir heraus.

Meine Spontaneität war für mich noch nie ein Problem. Dafür umso mehr für meine Mitmenschen. Aber mein Schatz nahm's gelassen und wies mich lediglich darauf hin, dass mein Plan mit Dinner um 22.00 Uhr im Casa Colonial wohl doch etwas eng getaktet sei.

„Quatsch." Ich wollte alles, und zwar sofort. Wenn nicht hier, wo dann? Zugegeben, nur zwei Stunden im Restaurant, das ich nach wie vor als das beste, schönste, eleganteste der ganzen Welt empfinde, wurden meiner Leidenschaft für diesen Platz nicht gerecht. Aber hey, it's my party.

Und so kam es auch. Um 23.45 Uhr zahlten wir die Rechnung, kippten den Espresso, sprangen ins Auto und düsten los. Keine Ahnung, wohin. Der nette Kellner hatte uns freundlich den direkten Weg in Richtung Strand beschrieben und dafür rund zehn Minuten kalkuliert. Wir landeten auf Umwegen in Cala Llonga, um fünf vor zwölf.

Sprinteten in die Strandbar, deren Personal gerade schließen wollte. Orderten zwei Gläser Schampus – „Aber bitte am Strand. Die arme Frau wird um Mitternacht dreißig!" Fielen in die Liegestühle und schnappten dem mitleidig grinsenden Kellner Punkt Mitternacht die beiden Gläser aus der Hand. Ich wollte noch etwas sagen, eine Art Toast aussprechen, aber mein Redefluss wurde von einem langen innigen Kuss gestoppt, und ich zog es vor zu schweigen. Aus der Ferne blitzte uns ein Leuchtturm entgegen.

Ein verheißungsvolles Leuchten auf die nächste Dekade. Endlich ein Mann, der mit meinem Timing, den spontanen Ideen mithalten konnte, ohne selbst aus dem Takt zu kommen. Ich lächelte selig.

Zum Geburtstag bekam ich als Zeitschriftenverrückte ein eigenes Funky-Magazin überreicht und die komplette Kollektion der selbst designten Shirt-Serie. Der Kellner räumte hinter uns lautstark auf – aber es störte mich kein bisschen. Auch nicht, dass mein Ibiza-Flatterkleid viel zu dünn und viel zu kurz für den Seewind war. Ich wollte Luftsprünge machen, sah aber wegen unangemessener Kleidung davon ab und zog es vor – ganz Grande Dame –, meine Freude in Küsse zu hüllen. Wenn es am schönsten ist, soll man sich tummeln, und das taten wir auch.

Denn die Strandbar gefiel uns ganz gut und wir wollten die Nerven der übermüdeten Kellner, die vermutlich seit zwölf Stunden hier rumflitzten, nicht überstrapazieren. Man sieht sich immer mehrmals im Leben – besonders in der eingeschworenen Ibiza-Gemeinde.

Meinen eigentlichen Geburtstag wollte ich an Es Vedrà verbringen und so ganz vom magischen Zauber des Wahrzeichens tanken. Wer weiß, was an diesem besonderen Tag noch passieren würde. Wir schnappten Badesachen, Getränke und Sonnentücher und los ging's. Wir wollten den ganzen Tag auskosten und waren die ersten Gäste. Ich nutzte die Gunst der Morgenstunde und übte den Krieger – im Bikini. Von den Yachten, die in der Bucht lagen, abgesehen, hatte ich keine Zaungäste, und neureiche Zuschauer waren mir herzlich egal. Die Standposition – zugegeben – fiel mir einigermaßen schwer.

Denn die Kieselsteine unter meinen Fußsohlen piksten wie ein Nagelbrett. Aber: Ich wollte da durch. Konzentrierte mich auf meinen Atem, die Balance und die Aura der Vedrà. Bis ein schriller Pfiff ertönte. Ich kippte um. Dann stürzte sich ein riesiger schwarzer Hund auf mich, schlabberte mir durchs Gesicht, und von dem Yacht-Publikum hörte ich Applaus. Na, danke. Ein wunderbares Omen für meine neue Dekade. So leicht ließ ich mich immer noch aus dem Konzept bringen.

Zum Glück hatte der Höllenhund auch ein Frauchen, das sich gleich danach auf mich stürzte – allerdings, um mir aufzuhelfen, noch bevor mein Amor auch nur vom Badehandtuch aufhopsen konnte.

„¿Has hecho daño a ti?“

„Hast du dir wehgetan?“, wollte die hagere Blondine über mir wissen.

Ich kratzte sämtliche Spanisch-Kenntnisse zusammen und versicherte ihr, dass ich okay bin. An meinem Akzent, der noch irgendwas zwischen Italienisch und Französisch klang, erkannte sie, dass sie keine Muttersprachlerin vor sich hatte, und sie wechselte netterweise prompt ins Englische. Juanita, so ihr Name, war Kellnerin im Südwesten der Insel und gerade auf dem Weg zu ihrer Arbeit, als ihr Hund, der auf den reizenden Namen Sugar hörte, mich zum Anbeißen fand. Als wir uns vom Schreck erholt hatten und ich mein yogisches Gleichgewicht wiedergefunden hatte, lud Juanita uns zum Frühstück ein.

Während sie die Tische deckte, servierte sie uns Kaffee und Churros. Köstliches und fetthaltiges Spritzgebäck, das ich mir bislang tapfer verkniffen hatte. Aber gegen Juanitas Entschädigung war ich machtlos.

Meine Neugierde war ungebremst. Was sie als Südspanierin nach Ibiza getrieben hätte, wollte ich wissen.

„Die Liebe", seufzte sie und blickte dramatisch und sehr ironisch gen Himmel. Patrick und ich tauschten einen verschmitzten Blick.

„Und ... arbeitet dein Mann auch hier?", wollte ich wissen. Diskretion war sonst eher meine Stärke, aber Juanita schien so erfahren in Sachen Liebe und Leben, dass ich mir erhellende Antworten erhoffte.

„Kindchen!", meinte sie lässig. Und ich fand sie gleich noch ein wenig sympathischer, weil sie mich an meiner Dekadenwende ins Alter der Unschuld versetzte.

„Die Liebe ist ein flatterhaftes Wesen. Sie ist launisch. Eine Diva. Wie Ibiza!"

Ich versuchte aus Patricks Mimik zu lesen, ob er ihre Einstellung teilte. Aber er suckelte an seinem Churro, als gäbe es kein Morgen.

„Kaum war ich auf Ibiza, heirateten wir. Das war in den Siebzigern, und wir feierten eine Riesenparty mit Gästen, von denen wir nur eine Handvoll kannten. Die Trauung fand übrigens in dieser Bucht statt. Ich war eine echte Hippiebraut: Haare bis zum Po, ein selbst geflochtener Blumenkranz darauf, ein langes, weißes Flatterkleid und Hibiskusblüten als Brautstrauß."

Ich seufzte – sie auch. „Vermutlich der glücklichste Tag meines Lebens", fuhr sie schroff fort. „Einen Monat später erwischte ich ihn mit meiner besten Freundin hier hinter dem Felsen." Sie deutete Richtung Meer.

„Als ich die beiden sah, schrie ich. Er kam!" Juanita verstummte. Mehr als dreißig Jahre danach machte ihr das grausame Erlebnis immer noch zu schaffen. Sie versuchte, cool zu wirken, warf ihre Haare energisch zurück und wischte schwungvoll über den längst gesäuberten Tisch. „Ich konnte mit dem ganzen Hippie-Kram der freien Liebe nicht umgehen. Wenn du mich fragst, das ist alles grausame Theorie. Wie der Kommunismus. Ein Konzept, das Freiheit bringen soll, aber in Wahrheit nichts als Egoismus und pure Grausamkeit ist."

„Wie hieß er denn, dein Herzensbrecher?", wollte ich wissen.

„Juan." Und sie lachte höhnisch.

„Aber warum bist du hiergeblieben? An dem Ort, der dir so viel Hoffnung und Liebe zerstört hat?"

„Ach, weißt du. Es war ein Mann, der mir das genommen hat, und nicht die Insel. Aber ich glaube, dass Ibiza mich unter falschem Vorwand hierher gelockt hat. Die Insel stellt dich immer wieder auf eine Probe. Du erlebst hier ungeahnte Höhen und eben auch fiese Tiefen, wie ich mit Juan. Ich wollte mir beweisen, dass ich es hier schaffen kann. Während Frank Sinatra meint, dass du es überall schaffen kannst, wenn du New York meisterst, meine ich, Ibiza ist noch eine Spur härter als New York. Gerade weil hier alles so idyllisch wirkt, ahnst du nicht, welche Tücken hinter der nächsten Gabelung lauern. Aber: Ich liebe meine Heimat. Hier gehe ich nie mehr weg."

Ich litt mit Juanita. Auch wenn ihre Geschichte dreißig Jahre zurücklag und ich diese Frau kaum kannte, fühlte ich mich sehr vertraut mit ihr. Schicksal verbindet. Und mal ehrlich, wer hatte es nicht schon mit einem echten Juan zu tun?

Patrick kaute immer noch voller Hingabe auf seinen Churros. Ich stupste ihn an und bedeute ihm, ein wenig Mitgefühl zu zeigen. Keine Chance. Er schaute mich mit großen braunen Augen an und lächelte verliebt.

Inzwischen hatte sich der Strand gefüllt, haufenweise Juanitas und Juans turtelten um uns herum, und unsere neue Freundin beobachtete sie und zwinkerte mir zu.

„Ich geb dir einen guten Rat", raunte sie. „Pass bloß nicht auf dein Herz auf. Liebe ganz oder gar nicht. Du kannst dich ohnehin nicht schützen. Was passiert, passiert. Also gib dich ganz."

Ich konnte ohnehin nicht anders. Und doch war ich dankbar für ihre Absolution. Mit einigen Erfahrungen im Nacken hat man als frisch verliebte Neudreißigerin nämlich leichte Tendenzen, sein Herz in Watte zu hüllen. Also: ein aussichtsloses Unterfangen!

Die Churros lagen mir schwer im Magen, und auch Juanitas verjährter Liebeskummer. Patrick beobachtete meine Beklemmung aufmerksam und packte mich an der Hand.

„Hopp! Wir fahren Boot!"

Noch ehe ich mich ordentlich von meiner neuen Seelenverwandten verabschieden konnte, zerrte er mich in eines der Schlauchboote mit Handmotor, die am Ufer auf wagemutige Touristen warteten.

„Wir düsen einmal um die Vedrà! Ein Perspektivwechsel tut dir jetzt gut!"

Gesagt, getan. Wir kletterten ins Boot, zogen brav unsere Schutzwesten an und waren froh, dass weder Führerschein noch Bares verlangt wurde. Denn wir hatten außer unseren Badesachen nichts bei uns.

Patrick mimte den Kapitän, und ich räkelte mich à la Yacht-Girl in der Sonne. Kaum waren wir aus der Bucht, schien mein Lieblingsfelsen noch in weiter Ferne. So imposant er vom Ufer aussah, so erschreckend und weit entfernt wirkte er mit jedem Meter, den wir uns näherten. Stark zerklüftet, karg, ein wenig gespenstisch. Ich war begeistert, dass der Wellengang uns beinahe aus dem Boot schleuderte.

Ein bisschen Abenteuer konnte ich gut gebrauchen. Nach fast einer Stunde hatten wir unser stürmisches Sightseeing samt Liebesstopp gemeistert und düsten zurück in Richtung Strand, wo Juanita längst frischen Fisch und Weißwein servierte. Das Schlauchboot einer Yacht ankerte am Ufer, und ich fragte mich, ob deren Besitzer einfach nur Lust auf den schlichten Genuss hatten oder ob sie wussten, dass sich das vermutlich beste Fischrestaurant der Insel in einer simplen Holzhütte verbirgt.

Wir verbrachten den ganzen Tag bei Juanita und ihrer emsigen Kellnertruppe. Allesamt Originale. Allesamt aus Ibiza. Selten hatte ich Kellner gesehen, die so schnell von Siesta-Gelassenheit zu Fiesta-Vollbetrieb umschalten konnten und dabei weiterhin so charmant waren wie zuvor. Wir blieben, bis die letzten Gäste auf ihre Yachten oder in ihr winziges Zuhause in den Bergen gezogen waren, und plauderten in einem Mix aus Englisch und Spanisch über Gott (weniger) und die Welt (mehr). Ich erfuhr, dass Juanita und ihre Juans, wie ich die Truppe mangels Namenskenntnissen nannte, seit gut einem Jahrzehnt in dieser Besetzung zusammenarbeiteten. Dass sie einander Kollegen und Familie waren und sich gegenseitig auch mal beim Hausbau, der Autoreparatur oder akutem Liebeskummer aushalfen. Ohne Lohn, ohne Gegenleistung. Einfach so.

Seit immer mehr Touristen und Reiche die Insel beschlagnahmten, seien Tauschgeschäfte und eine Ersatzfamilie nun ein wichtiger Anker geworden, erklärte einer der Juans. Und Juanita nickte zustimmend.

Warum teuren Service bezahlen, den man selbst besser bestreiten konnte? Komplementär war wohl die beste Beschreibung für die Runde ehemaliger KFZ-Mechaniker, Maler, Schlosser, die in erster Linie eine neue Familie und in zweiter Linie einen neuen Job als Kellner an dieser kleinen Bucht gefunden hatten. Sie waren weder Hippies noch „typische" Ibizenkos. Sie waren sie selbst in ihrem Holzrestaurant und waren zu jedermann gleich freundlich, gleich korrekt und gleich bemüht.

Und sie genossen es. Sie hatten gefunden, wonach sie suchten, und ich fragte mich, warum ich dafür so weit wegziehen musste, um diese spannende Reise ins Ich anzutreten. Ich hatte nicht jedes einzelne Wort übersetzen können. Aber ich hatte verdammt viel verstanden an diesem Abend.

Und so trafen sich auf diesem winzigen Fleckchen Eiland täglich Menschen, die einerseits auf der Suche nach immer mehr den Grad ihrer Zufriedenheit maßen, und solche, die andererseits so entspannt das „Mehr“ nicht brauchten. Vielleicht, weil sie es täglich mit ansehen mussten, wie unglücklich maßloses Streben machte.

Weil sie zwischen zwei Gängen ihre Gäste beobachteten und hinter dem schallenden Lachen den Abgrund sahen. Hier von ihrer kleinen Bucht aus, die in der Ferne Es Vedrà erkennen ließ.

Meine Geburtstagslektion beschäftigte mich noch einige Tage, und ich ging mit offenen Augen über die Insel. Ich wollte mehr von diesen Menschen kennenlernen, die so zufrieden mit sich selbst und dabei so wenig selbstgefällig waren. Ich fühlte mich wohl bei ihnen, und ich wusste, sie könnten mir eine Art Kompass sein auf meiner Reise.

* * *

Philippes Party hatte ich bei der ganzen Sinnsuche gänzlich vergessen. Und Patrick anscheinend auch, der sich ohnehin wenig aus Schickimicki machte. Wir lebten in den Tag hinein, bis wir uns zum Abschied mit einem kräftigen Rums im Herzen am Flughafen wiederfanden.

„Wirst du mich vermissen?“, fragte ich zögerlich. Wohl wissend, dass eine solche Frage rund um die zarten Bande einer frischen Beziehung ein Tabu war, wollte man nicht augenblicklich mit dem Klettenstempel versehen werden.

„Also ..., noch bist du ja da“, machte Patrick auf verwirrt, und ich lugte auf die Sicherheitskontrolle, hinter der er gleich verschwinden würde.

Und schwupps, da war sie wieder. Meine Angst, zu viel preiszugeben. Aber ich konnte nicht anders, als ihm einen sehnsüchtigen Blick zuzuwerfen, den er vermutlich ohnehin falsch verstehen würde. Dummes Ding, schimpfte ich innerlich mit mir. Einen filmreifen Abschiedskuss später war er in Richtung Gate verschwunden. Nichts sagend, nur küssend. Nanu? Ich blieb verwirrt zurück. Ich winkte dem Flieger nicht nach und beeilte mich, den Inselboden unter den Füßen wiederzugewinnen. Ich kompensierte meinen Abschiedsschmerz mit einem langen Mona-Spaziergang am Strand. Stapfte tiefe Löcher in den Sand, sah den Promotion-Paraden aus der Ferne zu und achtete penibel darauf, unentdeckt zu bleiben.

Denn „Perros no!" bedeutet nun mal, dass man eine saftige Strafe kassiert, wenn man mit seinem geliebten, behaarten Familienmitglied beim Strandspaziergang geschnappt wird. Ich suchte Muscheln, Mona angeschwemmte Stöckchen. Wir verstanden uns wortlos wie immer. Auch ihr fehlte Patrick. Zwei gestapfte Stunden später hatten wir uns den Unmut aus der Seele gelaufen, waren hungrig und bereit, wieder in den Alltag zurückzukehren. Als hätte er es geahnt, bimmelte Philippe mich an. Schrill, penetrant, einem Weckruf gleich.

Noch bevor ich meinen Namen aussprechen konnte, fluchte er los. Seine Party war ein Reinfall gewesen. Diese Boutiquenbesitzerin aus der Dalt Vila sei ja wohl das Letzte. Hätte ihn in den Pool gelockt. Umgarnt. Verführt.

So weit, so gut. Anscheinend war die französische Diskretion der ibizenkischen Offenheit gewichen. Anastacia, so erfuhr ich nach seinen Schimpftiraden, hieß das Luder. Seit Wochen war er regelmäßig in ihre Boutique gepilgert, bis er sich schließlich ein Herz gefasst hatte und sie zu seiner Party einlud. Ich traute meinen Ohren nicht. Hatte er tatsächlich gesagt, dass er sich ein Herz gefasst hatte? Hinter seiner Fassade aus luftig-leichter Gigolo-Nonchalance hatte sich dieser Mann doch tatsächlich verliebt. Sie aus der Ferne angeschmachtet, und als er dann auch noch von ihr naschen durfte, war es um ihn geschehen. Das Dumme war nur, dass die Gute längst liiert war.

Und zwar nicht mit irgendwem, sondern mit einem der größten Gangster, die auf Ibiza noch frei, weil gut geschützt, herumlief. Dave war sein Name, den er seiner holländischen Mutter verdankte, die als Hippie nach Ibiza gekommen war und ein Hotel- und Kneipen-Imperium aufgebaut hatte. Philippe wusste alles über ihn. Dass er brandgefährlich und in krumme Geschäfte verstrickt war, sehr eifersüchtig sein konnte und verdammt gute und schlagkräftige Freunde hatte.

Fast hatte ich ein wenig Mitleid mit ihm. Handfesten Liebeskummer wünscht man niemandem. Auch nicht dem Chef.

# *Juli*

PHILIPPES LIEBESKRANKHEIT ÜBERDAUERTE sogar den schweißtreibenden Juli-Auftakt auf Ibiza. Während immer mehr Touristen die Insel fluteten und die Clubs sich gegenseitig in Sachen Booking übertrafen, schleppte sich mein blessierter Schwerenöter freudlos vom Pacha ins Eden am anderen Ende der Insel und versackte im Amnesia. Er betrank sich, stolzierte wie ein Pfau über die Piste der besten Clubs der Welt und wirkte geknickt. Wahre Amnesie wollte sich nicht einstellen, und er gab sich wirklich Mühe dabei. Ich unterstützte ihn mit allen Kräften. Chauffierte ihn von Club zu Club und weigerte mich strikt, an Anastacias Apartment in der Dalt Vila vorbeizuspionieren.

Ich versuchte krampfhaft, ihm die Augen für die schönen Frauen zu öffnen, die an uns vorbeistöckelten, nur um am Ende jeden Abends mit ihm den Sonnenaufgang im wilden Nordwesten Ibizas anzuschauen und mir zum x-ten Male seine Leidensgeschichte anzuhören.

Ob ich so was als Frau nachvollziehen könnte.

Nein!

Ich konnte ihm nicht helfen. Ich kannte Anastacia nur aus seinen Geschichten, wusste wenig über das ibizenkische Liebesleben und wollte es auch nicht erkunden. So lungerten wir fast jeden Morgen auf der felsigen Landzunge herum, bis uns der Touristentrubel zu heftig wurde, und versuchten, Philippes Herz wieder ganz zu hexen. Weil ich mich standhaft weigerte, Detektiv zu spielen, hatte er inzwischen für viel Geld Profis engagiert, die Daves Bar-Imperium überwachten und jedes Mal zum Leidwesen ihres Auftraggebers berichten mussten, dass Dave und Anastacia einen durchaus glücklichen Eindruck machten, zum Candle-Light-Dinner im Blue Marlin gesehen worden waren – einer schicken Beach-Lounge an der Cala Jondal, die den Lifestyle, wie es schien, erfunden hatte. Zumindest dem Interieur und den Preisen nach zu urteilen. Philippe hatte Anastacia sogar einen Liebesbrief geschrieben – eine völlig neue Erfahrung für ihn. Aber seine Detektive hatten ihm berichtet, dass sie ihn beim Öffnen verschämt schmunzelnd in ihren breiten Ledergürtel gesteckt habe. Seit Tagen versuchten wir, diese nichtige Geste zu interpretieren. Einmal besuchte Philippe Anastacia in ihrer Boutique.

Die beiden standen sich wortlos gegenüber. Er kaufte einen ihrer wunderbaren Ringe. Silber mit eingefasstem Schlangenimitat. Wildromantisch, wunderschön. Bezahlte, steckte ihr den Ring an und verschwand ebenso wortlos in Richtung Yachthafen. Ich war abgestellt, ihre Mimik aus der Ferne zu beobachten. Und konnte tatsächlich Verblüffung und ein schüchternes Lächeln erkennen. Aber auch Angst.

Kaum hatte Philippe den Laden verlassen – ich blieb auf meinem Posten –, hängte sie ihr Siesta-Schild viel zu früh an den Laden und stolperte gehetzt von dannen. Lag ihr doch etwas an Philippe, oder hatte sie schlicht Angst vor ihrem übermächtigen Dave?

Philippe und ich füllten den Interpretationsspielraum auf dem Meer. Wenn Normalsterbliche laufen gehen, um klare Gedanken zu fassen, hetzte Philippe seine Yacht über hohe Wogen. Wir düsten nach Formentera und ankerten an einer kleinen Bucht. Ich sprang flugs ins Wasser, um einem erneuten Redeanfall des Monsieur zu entgehen, und hoffte, dass ihn das herrlich erfrischende und klare Nass auf andere Gedanken bringen würde.

Keine Chance. Und weil ich mir mittlerweile wirklich Sorgen um seinen Appetit machte, schlug ich vor, einen Happen zu essen. Nicht ganz selbstlos, zugegeben. Wir starteten unser Boot und brausten zu Tiburon. Einer echten Institution auf der kleinen Insel, die im kristallklaren Traumwasser vor sich hindümpelte.

Gerade hatten wir geankert, da holte uns der Bar-Service mit einem Schlauchboot ab, um uns trockenen Fußes an die Bar zu bringen. Tiburon, besser bekannt als Haifisch-Bar, verzauberte mich mit seinem weißen Sand, auf dem rustikale Bänke die schönsten Köstlichkeiten trugen. Ich entdeckte einige Promis inkognito, Touristen und Einheimische, die mit den Kellnern über Gott und die Welt plauderten.

Die Mischung gefiel mir, und es hätte ein wunderbarer Spätnachmittag werden können, hätten nicht plötzlich Anastacia und der unerfreuliche Teil ihres Lebens die Bar geentert.

Philippe verschluckte sich augenblicklich an seinen Sardinen, würgte, hustete – so laut, dass er natürlich die gesamte Aufmerksamkeit unfreiwillig auf sich und sein Leiden lenkte. Anastacia zuckte bei seinem Anblick zusammen und krampfte sich in die Prankenhände ihres Geliebten. Der wiederum sah zuerst sie, dann Philippe verständnislos an und witterte in seiner berüchtigten Eifersucht gefangen das Schlimmste. Vor versammelter Mannschaft packte er Anastacia, fuchtelte wild umher, zeigte abwechselnd auf Philippe, dann auf sich, schlug sich auf die Brust, und ich hatte das Gefühl, in einer schlechten Komödie gelandet zu sein.

Ich musste auch fuchteln vor lauter Aufregung und klopfte Philippe kräftig auf den Rücken. Seine Eleganz war gänzlich von ihm gewichen, und er hustete sich regelrecht in Rage. Was Anastacia mit Dave besprach, verstand ich nicht. Aber plötzlich stürmte er einem wilden Stier gleich auf Philippe zu, riss seine Sonnenbrille vom Gesicht und zerrte ihn aus der Bar. Anastacia kreischte. Ich versuchte, Philippe zurückzuhalten. Keine Chance. Am idyllischsten Strand, fernab von der Bar, um die Gäste nicht zu stören, prügelten sich die beiden. Und ich verstand, was Ohnmacht war. Anastacia wimmerte neben mir, kauerte im Sand, als hätte ihr letztes Stündlein geschlagen.

Ich kramte meine langsam anwachsenden Spanisch-Kenntnisse zusammen und bedeutete ihr, dass sie sich zusammenreißen sollte. Offenbar verstand sie mich, denn sie hörte augenblicklich mit der Jammerei auf, glotzte mich mit ihren Rehaugen an, stürmte auf die beiden Männer zu und ohrfeigte Dave.

Interessante Geste der Entschuldigung. Und ein bisschen feige. Denn sie rannte über die Düne, barfuß, so schnell sie in ihrem engen Minidress eben rennen konnte, und war verschwunden.

Ich schnappte Philippe, gab Dave – dank dem Grundkurs „Fluchen auf Spanisch“ – bekannt, dass ich ihn für einen unglaublichen Idioten hielt, und flüchtete mit meinem Chef im Schlepptau in Richtung Boot.

Der verdutzte Dave ließ sich am Strand von zwei herbeigeeilten Billig-Blondinen tätscheln und verstand vermutlich sein Star-Universum nicht mehr. Gleich zweimal hatte man seine stolze ibizenkische Würde angetastet. Das schrie nach revenja, nach Rache.

Philippe war zu begeistert von Anastacias Ohrfeige, um sich ernsthafte, begründete Sorgen zu machen. Dafür hatte er ja mich. Und auch auf der Rückfahrt konnte der heftige Wellengang Philippes Liebesgesäusel nicht stoppen. Ich war mehr als genervt, als wir im Hafen von Santa Eulalia anlegten. Immerhin konnte mein liebeskranker Chef sich noch ein Merci für meine beherzte Rettungsaktion entlocken.

„Hey, lass uns feiern gehen. Das haben wir uns verdient. Ushuaia, Blue Marlin oder Pacha – Baby, wo soll's hingehen? Ich lade ein ..."

„Ehrlich? Ich hab genug vom Feiern. Ja, auch wenn Juli ist. Und, hey, hey, Hochsaison. Ich hab die Schnauze schon voll. Gestrichen voll. Diese Bling-Bling-Attitüde bringt mich völlig aus dem Takt. Das ist verdammt anstrengend. Feiern, Tanzen, Trinken, Posen. Und am nächsten Tag wieder das Gleiche. Eine unspannende Endlosschleife, wenn man nicht gerade Liebeskummer hat ..."

O je, das saß! Ich hatte meinen Chef am wundesten Punkt getroffen, den er vermutlich jemals in seinem Leben gefühlt hatte.

Nichts, das man mit Champagner, Klamotten oder Koks kompensieren konnte. Übertünchen vielleicht. Auch mit der gleißenden Sonne Ibizas. Aber eben nicht heilen. Die ganze Sache hatte mich so mitgenommen, dass ich gut und gerne ein Ashram für einen guten Monat gebraucht hätte. Keine ballernden Bässe, keine hysterischen Gefühle, kein Glitzer.

Das Tröstliche war: Ich konnte hier beides haben.

Ibiza ist das perfekte Biotop für beide Extreme. Nur Mittelmäßigkeit ist schlecht zu ertragen.

Ich hätte erwartet, dass mein Chef mich mindestens feuert. Aber er fasste sich ein Herz und schlug einen Strandspaziergang mit Mona vor. Nur alleine sein, das wollte er nicht. Ich akzeptierte – unter diesen Bedingungen: kein Anastacia-Stalken, kein Liebeskummer-Gespräch für den Rest des Abends, der für mich spätestens um 23 Uhr enden würde.

Philippe war einverstanden. Problematisch war allerdings die Suche nach dem geeigneten Strand. Kein Sandfleckchen am Wasser, das um diese Jahreszeit nicht von Touristen bevölkert war, die entweder verliebt oder alkoholisiert waren und gefühlsmäßig alles in sieben Tage Sonne, Sand und Strand zu pressen versuchten. Aber: Philippe wäre nicht Philippe, wenn er nicht jemanden kennen würde, der wüsste, welcher der sechzig Strände auf Ibiza auch um diese Jahreszeit Luft zum Atmen bietet.

Vierzig Sekunden und einen Anruf später hatte er seine Autorität wiedererlangt und meinte nur knapp:

„Cala Boix, Nordosten, bei San Carlos. Ich fahre."

Wir holten Mona ab, die uns schon bei der Anfahrt zur Finca freudig entgegenhopste. Ihre Gegenwart schien Philippe gutzutun: Einfache und ehrliche hündische Hingabe wirkt manchmal wahre Wunder, und während unserer Nachtwanderung an der Cala Boix konnte sie ihm dann und wann ein selbstvergessenes Lachen entlocken. Mona hatte definitiv Trinkgeld verdient. Mindestens aber eine Extrawurst.

Der Party-Monat Juli war fortan mein Ashram. Nachdem Philippe endlich abgereist war – seine Aufträge in

Paris würden ihn ablenken –, schuftete ich in seiner Villa. Und machte es mir gemütlich.

Während Philippe nicht auf Ibiza war – so wollte es auch mein Arbeitsvertrag –, wohnte ich auf seiner Finca und sorgte mit Mona für den gebotenen Schutz seiner millionenschweren Hütte. Ja, ich hätte auch Gäste einladen dürfen. Aber mir war nach handfester, ehrlicher Arbeit, Spanisch- und Yoga-Stunden, die ich in mein Tagwerk flickte. Und ich merkte: Ibiza schreit nach Ausgleich, wenn man emotional nicht ganz abgestumpft war, war die Vida Loca langfristig hier nur mit entsprechender Tatkraft zu ertragen.

Und für mich bedeutete das im heißen Juli knallharte Gartenarbeit und schweißtreibende Asanas. Von meinen Freunden wie Elisa, Juanita oder meiner Spanisch-Lehrerin wusste ich, dass der weltliche Insel-Rhythmus für eine natürliche Balance sorgte. Während der Saison arbeiteten sie bis zum Umfallen – Freunde, Familie und die eigene Seele wurden mit etwas Übung ausgeblendet.

Erst Anfang Oktober, wenn die Touristen abgereist sind und der schöne Schein nicht mehr alles überlagert, erwacht das ursprüngliche Inselleben. Man atmet wieder, man trifft seine Liebsten, und viele Einheimische gehen auf Reisen. Nach Goa, nach Südamerika und finden dort, was Engländer, Deutsche, Franzosen und Italiener in ihrer Heimat suchen. Eine Belohnung dafür, dass man es in seinem eigenen engen Alltag so tapfer aushält.

# August

Ich schuftete bei Temperaturen um die vierzig Grad und fühlte mich an jedem Abend so entspannt, als hätte ich Bikram-Yoga im Wellnesstempel durchgeturnt. Einmal pro Woche nutzte ich die Gelegenheit und lud Elisa, Kalle und ihre Freunde zum Barbecue auf Philippes Finca ein, die inzwischen mein Zuhause geworden war.

Die meisten meiner neuen Bekannten waren um die fünfzig, geläuterte Hippies, seit den Siebzigern auf der Insel und trotz Schufterei und vieler Durststrecken waren sie sich einig: Ein Leben ohne Ibiza käme für sie nicht mehr infrage.

Neben allerlei Lebensläufen sammelte ich an diesen Augustabenden beachtliche Spanisch-Kenntnisse. Wollte ich doch nicht einer dieser arroganten Platzhirsche werden, die ihre Muttersprache dem Paradies überstülpen wollen, die mit Deutsch oder Englisch die Welt erobern – ohne Rücksicht auf Verluste. Je flüssiger meine Sätze wurden und je reicher mein Vokabular, desto besser gefiel mir das Spiel mit den Facetten der eigenen Persönlichkeit. Ich merkte, wenn ich Spanisch sprach, war ich eine andere.

Ebenso war es mir einst mit Französisch ergangen.

Sprache verlangt Empathie, ist mehr als Grammatik, nämlich Lebensgefühl. Und das neue Lebensgefühl, das ich im Begriff war zu erobern, gefiel mir außerordentlich gut. Die Abende waren unvermeidbar lang: Wenn ich schon in der Hochsaison Einladungen an Einheimische verteilte, musste ich auf ihren Zeitplan, ihr Nervenkostüm, ihre ungeahnten Überstunden Rücksicht nehmen.

Aber ich freute mich jedes Mal, wenn unsere bunte Truppe zusammen um den Pool herumgluckte und Ibiza-Anekdoten austauschte.

Dann und wann kam auch Juanita mit ihren Jungs nach Feierabend vorbei. Feinste Tapas im Gepäck und einen köstlichen Rosado.

Das Leben hätte ewig so weiterplätschern können, bis eines Abends Juanita meinen längst vergrabenen Club-Geist heraufbeschwor.

„Lasst uns ins Pacha gehen! Schlafen können wir morgen ...!“

Überall sonst auf der Welt hätte ich in mich reingekichert, wenn eine Frau jenseits der fünfzig einen spontanen Club-Besuch vorschlägt. Aber auf Ibiza gehört die Fiesta-Attitüde zum Inselleben. Kein Wunder, wenn man sich mit den besten Locations weltweit schmücken darf und der Name der Insel zum Synonym für Club-Kultur wurde.

Und warum, bitteschön, sollte eine Frau wie Juanita, die der Pacha-Legende einst mit ihren Freunden den Zeitgeist verliehen hatte, weniger Spaß dort haben als Dita Von Teese, halb nackt in einem XXL-Cocktailglas tanzend?

Vielleicht war diese Selbstverständlichkeit, diese Zeitlosigkeit das Geheimnis der ewigen Jugend. Nirgends sonst auf dieser Welt hatte ich Frauen getroffen, deren mädchenhafte Aura vermutlich niemals verblasste und die dabei so souverän wirkten.

Das Pacha lud an diesem Abend ganz stilecht zu Flower-Power ein. Und damit ist nicht etwa eine billige Kostümparty gemeint, sondern ein atemberaubender Mix aus den unterschiedlichsten Menschen, die zu feinster Musik aus allen Dekaden feiern. Der Stil für die Ladys ist opulent, aber schnell gebastelt: luftiges Hängerkleidchen, verspieltes Make-up und kurz vor der Abfahrt noch schnell eine Hibiskusblüte gezupft, die man ins Haarband steckt. Drei, zwei, eins, Blumenkind. Wir düsten los, den Jeep voll beladen mit kichernden Mittfünfzigern. Dank Juanita und ihrer Türsteher-Bekanntschaft sparten wir uns die Schlange und tingelten drinnen zwischen Terrasse, VIP-Bereich und Tanzfläche.

Mein Promi-Sensor war schon immer sehr schlecht, und ich war in meinem Journalistenleben nur allzu oft daran gescheitert, die optische Verbindung zwischen Gala-Schnappschuss und echtem Anblick herzustellen.

Brad Pitt erkannte ich erst, als er das Restaurant verlassen hatte, in dem wir beide speisten. Franz Beckenbauer hatte mich am Flughafen versehentlich über den Haufen gerannt, als ich noch über ihn fluchte und alle anderen um mich herum schon feuchte Augen bekamen. Nur die Geissens hatte ich am Strand auf Ibiza erkannt – und erfolgreich ignoriert. Auch die Promi-Akte im Pacha blieb fast leer. Während alle um mich herum tuschelten und auf diese oder jene Person starrten, erkannte ich bloß Nicki Lauda, weil ein Ohr fehlte. Immerhin amüsierte er sich offenbar genauso gut wie ich ...

Ich war fasziniert davon, wie wandelbar dieser Club war. Je nach Abend verwandelte sich die Legende wahlweise in die Wiege innovativer Bässe und Beats oder in einen nostalgischen Hafen der Glückseligkeit.

Ich wollte mich bei meinen neuen Bekannten für die Entdeckung der Siebziger bedanken und eine Runde ausgeben. Als die (elektronische!) Karte vom Kellner gereicht wurde, bereute ich meinen Beschluss.

350 Euro kostete das günstigste Getränk: eine Flasche Wodka mit Softdrinks. Wasser konnte ich nirgends auf der Karte entdecken. So also refinanzierte das Paradies sich seine spontanen VIP-Besuche für Unbedarfte wie mich. Ich wollte mir eine Blamage ersparen, orderte das Wodka-Schnäppchen und bediente alle großzügig.

Ich nippte und prostete in Richtung Nikki Lauda. Als dann auch noch eine Harley Davidson durch den Main Room dröhnte, war der Jubel perfekt. DJ Piti, Pacha-Resident und ausgewiesener „Peace, Love and Harmony"-Experte, gab Vollgas.

Ich wollte mich dem Übermaß an Euphorie schleichend entziehen, und während meine Begleiter sich zu „Give peace a chance" von John Lennon in den Armen lagen, verzog ich mich in den Global Room, um die Schätze des Hippiemarktes zu bewundern. Ich begutachtete gerade die pompösen Ringe, als jemand mir von der anderen Seite der Theke ein sanftes „Hey, you" entgegenhauchte. Ich schaute hoch und sah Anastacia.

Jetzt verstand ich, warum Philippe immer treu ergeben zur Flower-Power-Party pendelte. Anastacia bestückte den Hippie-Stand mit den Kostbarkeiten ihrer Boutique.

Ich wusste nicht, wer verlegener war. Sie oder ich.

Ich versuchte, die Fasson zu wahren. Immerhin hatte sie meinem Chef das Herz gebrochen und mir durch ihre Entscheidungsschwäche kostbare Stunden meines Lebens geklaut, in denen ich mir Philippes Liebesnöte in der Endlosschleife anhören musste.

Sie schien abgemagert. Dunkle Ringe verzerrten die großen braunen Bambi-Augen, und ich hatte plötzlich Mitleid mit ihr.

„Wo ist Philippe?“, fragte sie mich auf Katalan.

„Interessiert dich das wirklich?“, antwortete ich nur knapp.

„Ja. Er fehlt mir. Ich habe tausendmal versucht, ihn anzurufen. Er hebt nicht ab!“

Schlauer Chef, dachte ich bei mir. So werden wir Frauen doch alle weich – Hauptsache, man überspannt den Bogen nicht.

„Nun, vermutlich möchte er Abstand von dir und deinen Eskapaden. Besonders romantisch war euer, Pardon, unser letztes Treffen nun eher nicht.“

Anastacia schwieg, und ihre Augenringe schienen sich noch tiefer in ihr Gesicht zu fräsen. „Dave bedroht mich“, flüsterte sie. „Ich habe ihn angezeigt!“

Nun gut, schlussendlich hatte sie mein Herz umwickelt. Das hatte sie nun wirklich nicht verdient. Ich verriet ihr, dass Philippe am kommenden Wochenende nach Ibiza zurückkehren werde. Ich aber nicht wisse, ob er sie sehen will.

Ihre Augen füllten sich mit Tränen. Bevor der Friedenstaumel der Flower-Power-Party nun endgültig zerstört war, verabredeten wir uns zum Siesta-Plausch am Folgetag. Sie wollte mir alles erklären. Und ich fühlte mich verpflichtet.

Vollgesogen von Peace, Love and Harmony schlief ich noch im Taxi ein und träumte von einer überdimensionierten Yoko Ono, die mir den Blumenkranz vom Kopf riss, um riesige Seifenblasen durch den Kranz zu pusten, die meine eigene Hochzeitsharmonie zeigten.

Ich war so wütend über den Kranz-Klau, dass ich die Blasen nach und nach mit einer Stecknadel zum Platzen brachte. Ich war unglaublich froh, als ich am nächsten Morgen mit Meerblick und meinem Blumengeflecht in der Hand auf der Pool-Lounge aufwachte. Harter Tobak, dieser Traum – garantiert drogenfrei.

Anastacia besuchte mich auf der ihr wohlvertrauten Finca. Die Art, wie sie über das Lounge-Bett am Pool strich und verloren die romantische Aussicht genoss, verriet mir bald mehr als das, was sie mir im Anschluss offenbarte:

„Ich liebe Philippe. Von ganzem Herzen. Ich weiß, dass er der Richtige für mich ist. Aber ich hatte unglaubliche Angst vor Dave! Und jetzt ...", sie stockte, „weiß ich nicht, wie ich alles wiedergutmachen soll!"

Sie fürchtete, Philippe mit ihrer Überreaktion auf Formentera endgültig verloren zu haben.

„Und ich misstraue ihm. Weißt du, Anne, ich kenne die Franzosen. Sie kämpfen um dich, bis sie dich sicher haben. Dann lässt ihr Interesse rapide nach. Les jeux sont faits – das Spiel ist aus."

So viel Verdruss hätte ich ihr nicht zugetraut. Und wie, um Himmels willen, würde ich meinen Chef von diesem fragwürdigen Klischee befreien? Und sollte ich das überhaupt? Ich wusste nicht mal, ob er noch Interesse hatte. Mona kuschelte sich an Anastacia, was mir Gelegenheit gab, das Thema zu wechseln. Immerhin war ich weder Philippes Pressesprecherin noch seine Kupplerin.

Ich zog es vor, mit Anastacia über unverfängliche Themen wie meine wiederentdeckte Club-Leidenschaft zu parlieren.

Ihr Favorit stand schnell fest. Das Pacha. Für seinen Legendenstatus. Für seine Residents. Für seine Terrasse.

Aber was war mit den anderen Locations? Immerhin war ich nicht zum Spaß hier, sondern um neue Horizonte zu entdecken! Und die Bass-lastigen gehörten auf Ibiza nun mal dazu.

Anastacia gab mir ihre Kurzcharakteristika für alle preis, die mich näher interessierten. Da war zum Beispiel das riesige Space, das dem Begriff Afterhour eine ganze neue Dimension verlieh. Auf der Terrace geben sich die Electro-Jünger bei Tageslicht das „Party ist vor der Party ist nach der Party"-Gefühl. Die Sonntage sind mit der Partyreihe „We love Space" besonders begehrt im Tempel der Tageslicht-Fete. Ursprünglich öffneten die Türen erst, wenn andere Clubs schlossen. Aber auch das ibizenkische Partyleben ist streng reglementiert: Seit einiger Zeit dürfen die Partys starten, wenn anderswo Teatime ist.

Mit den Blumenkindern in den Siebzigern begann auch Amnesia zu florieren. Aus einer Finca zwischen San Antoni und Ibiza wurde zunächst ein Hippie-Spielplatz, dann das Synonym für Dance Music, die von hier aus ihren weltweiten Siegeszug antrat. Bob Marley, Madonna und Prince sind hier live aufgetreten und werden heute von Superstar-DJs mit eigenen Partyreihen ersetzt, die bis zu 5000 Personen pro Abend bespaßen. Und den öden Alltag vergessen lassen, der sie umtreibt. Amnesie eben. Trotz der Größe ist die Atmosphäre herzlich und blumiger als in den meisten anderen Mega-Clubs der Insel. Und, hach, der Sonnenaufgang auf der Terrace lässt nach einer durchtanzten Nacht dann endgültig den schnöden Mammon vergessen. Mit Blick auf die saftigen Eintrittspreise ein Muss.

Ganz in der Nähe: das Privilege, das ich bereits von einer Opening-Party der Vorjahre kannte – und seither mied. Einst Jetset-Hochburg unter dem Namen KU mit Gästen wie Grace Jones – heute Rekordhalter. Das Privilege ist laut Guiness-Buch der Rekorde der größte Club der Welt. Berühmt ist das Privilege, das bis zu 14 000 Gäste beherbergen kann, für seinen Pool inmitten der Tanzfläche (inzwischen sorgfältig abgeriegelt). Dort thront der DJ über dem kühlen Nass, um den Gästen mit Trance oder House einzuheizen.

Das einzig pittoreske Accessoire des Clubs ist die Glaskuppel, die als Chill-out-Area dient und bei Tagesanbruch mit einem herrlichem Ausblick für müde getanzte Beine belohnt. So lange hatte ich es bei besagter Opening-Party leider nicht ausgehalten. Schon bei der Hinfahrt mit dem Disco-Bus wurde mir schnell klar, dass angepriesene Rekorde durchaus Nachteile haben – so vollgequetscht war zuerst der Bus, dann das Cluberlebnis. Zu viele Floors, zu gedröhnt. Auch die Menschen. Möglicherweise weitete aber auch nur Trance-Musik ihre Pupillen. Nach nur zwei Stunden – wenig rekordverdächtig – verließ ich den Club damals. Wartete dafür aber drei Stunden vor dem Club (wiederum mein persönlicher Rekord) auf einen Disco-Bus, der nicht vollgestopft war. Mit was der Busfahrer vollgestopft war, ist mir allerdings bis heute rätselhaft. Er quetschte den Bus an einer Riesenrazzia vorbei, mähte dabei sämtliche Sträucher am Wegesrand platt, aber winkte den Polizisten freundlich zu. Die winkten freundlich zurück und stoppten den Bus nicht – entgegen meiner Hoffnung.

Mein einziges Glück war, dass der Fahrer vergessen hatte, die Türen zu schließen, und so nutzte ich einen der vielen Kreisel auf dem Rückweg nach Ibiza-Stadt, um hinauszuhüpfen. Möglich, dass mein Pivilege-Image zu

Unrecht versaut war – fest stand, dass ich nie mehr zu den Privilegierten gehören wollte, die die Partymaschinerie besuchten, um ihren Facebook-Freunden davon zu berichten. Anastacia konnte meine Enttäuschung nicht verstehen. Clubgeschmäcker sind eben verschieden.

Einig waren wir uns über die Discos in San Antoni. Neben dem überlaufenen Café del Mar war man besser im Café Mambo aufgehoben, das der betonierten Promenade immerhin durch die Stimmung und das Line-up noch einiges an Charme abringen kann. Ihre beiden Club-Besuche im Eden und Es Paradies – den beiden großen Clubs im Ort – beschrieb Anastacia als ausgelassen britisch, aber untauglich für das echte Ibiza-Feeling. San Antoni war in der Hochsaison fest in britischer Hand mit entsprechenden Fiestas, die aufs Ganze gehen – etwa mit der Eden Schaumparty. Nix für mich!

Bliebe noch das DC-10 zu hinterfragen. DC-10 war für die Glamour-Lady Anastacia kein guter Ort. Immerhin musste sie anerkennen, dass der Untergrundstar unter den ibizenkischen Clubs Szenekenner anzog wie das Licht die Motten. Hier wurde laut Anastacia gefeiert bis zum Umfallen – aus Liebe zur Musik und weniger aus Eitelkeit. Für eine deutsche Touristin konnte das Treiben bisweilen schwer nach Karneval aussehen. So schrill waren die Verkleidungen der Gäste. Tanzschuppen traf die Beschreibung des unscheinbaren Gebäudes am Wegesrand zu den Salinen ziemlich genau. Die Partys sind gnadenlos und das DC-10 das Enfant terrible unter den Clubs der Partyinsel.

# *September*

Anastacia und ich freundeten uns an. Heimlich. Denn ich wusste nicht, wie Philippe zu dieser Bekanntschaft stand, in der sich Inselerkundungstouren, Club-Besuche, Yoga-Stunden und Mona-Spaziergänge abwechselten. Ausgerechnet mit der Frau, die seinem Ego ein Erdbeben zugefügt hatte.

Zum Glück war er in Paris so eingespannt, dass er nicht mal daran dachte, den wunderbaren September auf Ibiza auszukosten. Ich war froh, weiter in den Genuss seiner Einliegerwohnung zu kommen, die mit hundert Quadratmetern nicht eben winzig war.

Wir setzten unsere Clubologie fort und eroberten schließlich auch alle angesagten Strandclubs im Süden Ibizas. Schon bald ließ die anstrengende Jagd nach einer freien Liege nach, die Kellner wurden entspannter, und die Insel konnte wieder atmen.

Als wir so eines Tages im Nassau Beach Club auf Entspannungskurs waren, fasste sich Anastacia ein Herz.

„Anne, ich vermisse Philippe unglaublich."

Sie, die eine für ibizenkische Frauen typische toughe Weiblichkeit ausstrahlte, wirkte auf einmal wie ein verlorenes Küken, das aus dem Netz geplumpst ist.

„Meinst du, er spricht noch mit mir?"

„Wenn du ihm erzählst, dass du Dave angezeigt hast ..."

Eine Strafanzeige – welch ein romantischer Liebesbeweis. Kaum zu fassen.

Echte Leidenschaft einer Ibizenkerin. Eine landestypische Liebesweise? Vermutlich.

Wir schmiedeten einen Plan, für den ich schnell zu haben war, weil ich spürte, wie echt ihre Gefühle für Monsieur waren.

Ich befürchtete schon, dass mir ein Rollentausch bevorstand. Diesmal durfte ich offenbar nächtelang das Klagelied auf die Liebe aus weiblicher Sicht hören. Bitte nicht! Aber ich hatte mich unbegründet gesorgt. Anastacia erwies sich als Frau der Tat.

Die Closing-Partys der Clubs am Ende des Monats schienen uns der perfekte Vorwand zu sein, ihn aus seiner Geschäftigkeit zu zerren. Also rief ich kurzerhand meinen Boss an, um ihm eine eigene Closing-Party auf seiner Finca vorzuschlagen. Der Deal war, dass ich alles organisierte für ein gelungenes Barbecue samt Übernachtungsmöglichkeiten für seine Clique aus Paris, dass ich aber eben auch meine neue Familie aus Ibiza einladen durfte. Und meinen Schatz.

Der völlig überarbeitete Philippe zeigte sich einverstanden.

„Hauptsache, ich muss nur zahlen und nichts machen."

„Kein Problem", versprach ich ihm. Anastacia kicherte neben mir nervös, und ich verpasste ihr einen Seitenhieb. Ihr Auftritt sollte eine Überraschung bleiben – ob eine gute oder eine böse, blieb dahingestellt.

Wir begannen augenblicklich mit den Vorbereitungen, erstellten eine Gästeliste, orderten DJ, Caterer und einen Dekorateur, der den ohnehin schon schicken Pool-Bereich in ein östlich gelegenes „Es Paradis" verwandeln sollte.

Wir kamen auf schlappe fünfzig Gäste – und ich mailte Philippe einen Zwischenstand von zwanzig, Pi mal Daumen.

Also ein ganz gemütliches Beisammensein zum Saisonabschluss. Der letzte Samstag im September war das Datum unserer Wahl.

Ich rief meinen Schatz an, lud ihn ein. Das letzte Treffen war viel zu lange her, und ich hatte große Sehnsucht trotz allen Trubels auf der vermeintlichen Vida-Loca-Insel. Er war spontan für die Fete und noch wichtiger: für das Wiedersehen zu haben. Endlich nicht mehr skypen, sondern live küssen. Ich war selig.

Die Tage vergingen wie im Flug. Ich reinigte den Pool, suchte gemeinsam mit dem Dekorateur marokkanische Lampen aus, entsprechende Kissenbezüge und kuschelige Decken, um gerüstet zu sein, falls die lauen Winde der Septembernächte den Gästen doch zu kühl sein sollten. Es sollte keine diese sterilen Pool-Partys werden, sondern ein warmherziger Empfang, bei dem Philippe seine Leidenschaft für Anastacia wieder auflodern lassen konnte. Also musste Farbe in das kühle Bauhaus-Ambiente. Und weil Stilmix wohl nirgendwo auf dieser Welt so gut funktioniert wie auf der kleinen Mittelmeer-Insel, kombinierte ich gnadenlos die besten Wohn-Accessoires der Südhalbkugel und zauberte Farbe in Philippes Clean-Chic-Bunker.

* * *

Je näher Tag X rückte, desto nervöser wurde Anastacia. Wir fuhren landauf, landab, tauschten mehrfach ihr Outfit, das bis zu den Dessous durchgeplant war. Instruierten den DJ, damit er auf Kommando zartere Klänge anspielen würde.

Der Gipfel der Vorbereitung war schließlich der Besuch bei einer befreundeten Schamanin, mit der Anastacia vor etlichen Jahren in einer Hippiegemeinde bei San Carles gelebt hatte. Ich durfte als Beobachterin der Zeremonie an Es Vedrà beiwohnen – ein allumfassendes Reinigungs- und Liebesritual, das der Diva in mehrstündigen Sessions mit prasselndem Feuer und Meditation eine geläuterte Aura verpassen sollte.

Ich war erstaunt, die verschiedenen Facetten Anastacias zu entdecken, die ich für ein neureiches Pacha-Girl gehalten hatte. Sie öffnete sich Stück für Stück, berichtete mir von ihrer Zeit in der Hippie-Kommune, die für sie trotz Rattenplage und undichtem Zelt wohl eine der schönsten in ihrem Leben gewesen war. Der Menschen wegen.

Tiefgang hatte ich nur erahnt. Shiva – so der Name der Schamanin – war eine der wenigen Freunde, die über die Jahre geblieben waren. Einige waren nach Kolumbien, andere nach Goa ausgewandert, um neue Inspiration zu tanken. Und Anastacias Hippie-Liebe Bernd war zurückgekehrt nach Berlin, um dort den Vorstand der Deutschen Bank zu coachen. Shiva, die noch immer im alten Bauernhaus mit eigener Gemüseplantage wohnte, war eine der wenigen, die ihrem Hippie-Credo treu geblieben war. Auch wenn sie sich manchmal nachts heimlich aufmachte, um mit Anastacia die hedonistischen Hotspots der Insel zu erkunden, stand sie morgens brav und vermeintlich ausgeruht um sechs Uhr auf der Yoga-Matte und flocht brav und bescheiden ihre Weidenkörbe und Ledergürtel. Ich überlegte kurz, ob mir ein paar Monate auf der Hippie-

Farm die Erleuchtung bringen würden, wandte mich dann aber wieder dem allzu weltlichen Leben zu und verwarf die Schnapsidee.

Shiva wurde dann zum Dank kurzerhand ebenfalls zur Party eingeladen. Seelischer Beistand wollte schließlich gesichert sein. Anastacia wusste für sich zu sorgen. Warum sie die Hippie-Farm verlassen hatte, wenn sie doch so glückselig gewesen war, wollte sie mir nicht erklären. Zündete sich stattdessen hektisch eine Zigarette an und brauste mit quietschende Reifen und Kusshand werfend in Richtung Stadt von dannen.

„Hab noch so viel zu erledigen!", jauchzte sie mit einem amerikanischen Akzent, und Shiva und ich schauten uns fragend an.

„Wo geht dein Weg eigentlich hin?", lenkte Shiva ab.

Was meinte sie nur? Mein Lebensweg, meine Herberge auf Ibiza oder die universelle Fügung?

„Heim. Zu mir", antwortete ich vage.

Und sie verstand.

* * *

Und schließlich war er da – der Tag der Tage. In mehrfacher Hinsicht. Patrick reiste an, Philippe kam per Helikopter, und Anastacias Herz war längst außer sich. Auf der Finca wirbelten Dekorateur, DJ und Diner-Spezialisten gleichzeitig umher, und ich versuchte, bei dreißig Grad einen kühlen Kopf zu bewahren. Ich seilte mich ab, um auf dem Blumenmarkt der Dalt Vila in Ibiza die schönsten Blüten zu ergattern, und sammelte auf dem Rückweg meinen Schatz am Flughafen ein.

Ich konnte es kaum erwarten, ihm das Party-Areal zu zeigen, das unter meiner Regie aufgeblüht war. Als wir auf der Finca ankamen, war Philippe bereits vor Ort und nickte anerkennend:

„Pas mal, pas mal!", murmelte er immer wieder.

Für 21.00 Uhr wurden die Gäste erwartet. Sicherheitshalber hatte ich noch Türsteher organisiert. Philippes Schlägerei mit Dave hatte ich noch nicht vergessen – und mit Blick auf den heimlichen Ehrengast Anastacia machten gewisse deutsche Vorsichtsmaßnahmen Sinn.

Beim Spaziergang mit Mona weihte ich Patrick in den Anastacia-Plan ein und versuchte, ihn als Komplizen zu gewinnen. Von Kuppelei hielt er wenig – das wurde mir bald deutlich, und ich wechselte schnell das Thema, bat ihn aber, unsere Überraschung zumindest geheim zu halten, wenn er sie schon nicht unterstützte.

Wir schlüpften in Ibiza-typische weiße Klamotten, mein Haar schmückte ich mit Hibiskus – und die Party konnte kommen. Hätte ich nicht dauernd eine hysterische Anastacia am Telefon gehabt, die mich abwechselnd mit Outfit-Fragen, Verhaltensregeln oder Sorgen um ihr nicht vorhandenes Bäuchlein quälte.

Dabei musste ich aufpassen, dass Philippe nicht meine eigene Nervosität bemerkte. Aber er schien seelenruhig und freute sich über eine kleine, gemütliche Party. Dass nach und nach lauter Leute eintrudelten, die er nicht kannte, verstand er offenbar als ibizenkischen Gastgebercharme und überspielte seine Verwunderung grandios.

Punkt 22.00 Uhr in aller Schummrigkeit sollte Anastacia mit der Sushi-Lieferung das Gelände betreten. Ihre Hektik im Vorfeld hatte mich zu einem minutiösen Ablaufplan veranlasst – so gar nicht inseltypisch.

Als die riesigen Sushi-Platten dann endlich mit einem Fackelzug zum Pool transportiert wurden, ernteten die Caterer lauter Ahs und Ohs, und Philippe warf mir einen dankbaren Blick zu, der sich in ein unmissverständliches „Oh!“ wandelte, als Anastacia als Hippie-Braut zum Vorschein kam.

„Oh!“, machte er noch mal und schaute mich wütend an. Er schnallte sofort, dass ich hinter diesem Plan steckte. Und ich musste zugeben, dass der Moment mehr als peinlich war und ihr Auftritt trotz Ablaufplan deplatziert. Ich griff Patricks Hand, der mich ebenfalls unmissverständlich anschaute. Marke: „Hab ich dir doch gleich gesagt!“

Ich musste die Situation so schnell wie möglich verlassen und beschloss, mich um das zu kümmern, für was ich angestellt war: Gäste bewirten, Gläser abräumen, Kissen zurechtrücken. Aus den Augenwinkeln konnte ich noch sehen, wie Anastacia Philippe begrüßte – mit einem leidenschaftlichen Kuss auf den Mund, der den ungefragten Gastgeber zum Schweigen bringen sollte. Südländische Leidenschaft hin oder her. Mir schwante Böses. Und ich sollte recht behalten: Philippe schubste die Anastacia, die eben noch mit ihrer Femme-fatale-Aura kokettiert hatte, kurzerhand in den Pool und schrie ihr ein Benvenido entgegen, um dann in lautes Lachen auszubrechen.

Ich hatte Monsieur le Chef bis dato immer für seine subtile Art bewundert. Aber offenbar löste Anastacia eine solche Wucht der Gefühle aus, dass er seine verletzte Eitelkeit einfach nur noch rächen wollte.

Immerhin reichte er ihr die Hand, zog sie aus dem Pool, nur um sie dann ebenfalls herzhaft zu küssen. Mission geglückt. Ich warf Patrick einen rechthaberischen Blick zu, dem er auswich.

Die Gäste ignorierten den Zwischenfall erfolgreich und hatten sich längst in Liegen gefläzt oder die Tanzfläche erobert. Nur Juanita, die die Hintergründe der Geschichte nicht kannte, kam zu mir, stupste mich sanft in die Seite und erklärte triumphierend:

„Siehst du, das meine ich, wenn ich sage, dass die Insel heftige Gefühle auslöst. Eifersucht, Leidenschaft – all das lodert hier wie unter dem Brennglas!"

Ich nickte achselzuckend und war einfach nur froh, bis dato von solchen Herzattacken verschont zu sein.

* * *

Es wurde ein rauschendes Fest. Meine neuen Inselfreunde waren – von Anastacia abgesehen – deutlich entspannter als noch im August. Wer wo den Winter verbringen würde, war eines der Hauptthemen. Einige wollten in ihre Heimat auf Familienbesuch, andere die guten Löhne der fast vollendeten Saison in der Südsee verprassen, und nur ein paar Vernünftige blieben auf Ibiza, um Renovierungsarbeiten oder auch private Sanierungsmaßnahmen anzugehen. Denn auch das Familienleben der Einheimischen litt während der Hochsaison. Und so manch ein Familienvater, der es mit dem Run auf das große Geld übertrieben hatte, gelobte zum Ende der Saison, mehr in den Haussegen zu investieren.

Insgesamt waren alle sehr zufrieden mit der Saison. Keine verheerenden Waldbrände, wenig Razzien und ein segensreicher Touri-Flux, so lautete die vorsichtige, aber einhellige Bilanz meiner Freunde. Und die wollte gefeiert werden.

Der Hausherr war indes auf eine Ibiza-Exkursion der anderen Art gegangen. Sein Jeep war nicht mehr zu sehen, und ich vermutete, dass die beiden einiges zu besprechen hatten. Erst zum Sonnenaufgang, Patrick und ich waren gerade mit den letzten Aufräumarbeiten fertig und wollten uns diesen Moment zu zweit reservieren, brausten Anastacia und Philippe wieder die lange Einfahrt entlang.

Und wirkten – mir fiel ein Stein vom Herzen – sehr verliebt.

Ich hatte nie gewagt, Philippe oder Anastacia danach zu fragen, was in dieser Nacht wirklich passiert war. Konnte es mir dann aber schließlich denken, als rund neun Monate später ihr Sohn geboren wurde.

Offenbar funktionierte die ibizenkische Brennglasthese nicht nur mit Leidenschaft und Eifersucht, sondern auch mit Fruchtbarkeit. Ob ein direkter Zusammenhang zu Anastacias Besuch bei der Schamanin bestand, konnte und wollte ich dann auch nicht nachvollziehen, sondern freute mich schlicht über die rundum gelungene Party mit fröhlichen Langzeitfolgen.

Als der September und die Saison dann tatsächlich Abschied nahmen, musste auch Patrick wieder nach Deutschland reisen. Meine Versuche, ihn von einem Job auf Ibiza zu überzeugen, blieben ohne Erfolg.

Er genoss es ganz offensichtlich, hier Gast zu sein. Aber seiner Heimat war er treu. Tja, und wo war meine Heimat eigentlich?

# Oktober

ADIEU, TOURI-IBIZA. Nun war der Herbst nah und die Itzi-Bitzi-Reisenden längst wieder in ihre Zwei-Zimmer-Küche-Bad in Hannover, Mainz oder Stuttgart zurückgekehrt. Als Souvenir von den „schönsten Wochen des Jahres“ blieb ihnen ein Party- und Sonnen-beseeltes Ibiza im Gepäck und die kunterbunte Hose vom Hippiemarkt, die sie künftig zum Schlafen oder Rumgammeln bei Regenwetter tragen würden.

Tja, und der Regen kam nun auch auf die Sonneninsel. Während die erste Oktoberwoche noch sonnenverwöhnt, aber vergleichsweise menschenleer war, tauchten plötzlich heftige Regengüsse den güldenen Oktober in graue Tristesse. Was tun, wenn alle Arbeit geschafft war und das Leben im Freien nach diesem herrlichen Sommer so plötzlich zum Graus wurde?

Ich fragte Elisa. Und die hatte nach diversen Wintern zum Glück eine Idee parat:

„Wir melden uns zum Malkurs an!“

Ich und malen? Im Leben nicht! Im Kunstunterricht in der Schule hatte ich jedes Bild nach einigen Pinselstrichen abgebrochen um ein neues, besseres zu beginnen. Bis die Abgabefrist mir einen Strich durch mein perfektes Werk machte. Aber vielleicht war dies auch die Zeit, sich in Geduld zu üben. Leben in sommerlicher Leichtigkeit war auf Ibiza nun wirklich keine Herausforderung.

Die Insel auch in der regnerischen Jahreszeit zu lieben wohl eher. Und so fügte ich mich Elisas yogischer Beharrlichkeit, und wir pilgerten nun zweimal wöchentlich zur Malschule in Santa Gertrudis. Ich fühlte mich natürlich geehrt, inmitten der einheimischen Hochbegabten meinen Pinsel schwingen zu dürfen. Bloß fehlten mir Motivideen. Und mein Innerstes wollte ich in diesen regnerischen Tagen schon gar nicht nach außen kehren, geschweige denn zeichnen.

Aber zunächst musste ich noch mal neu sehen lernen. Unbefangen. Unvoreingenommen von meinen Gedanken und Assoziationen, Erinnerungen und Interpretationen. Und das war mitunter das Schwierigste.

Also tat ich, was ich immer tat, wenn ich nicht weiterwusste. Ich schnappte mir Mona, um die Insel neu kennenzulernen. Ohne Anleitung meiner einheimischen Freunde, ohne Suche nach Hotspots. Immer brav kraxelnd über Felsen und durch Gebüsch. Neue Schneisen schlagend. Und auch die Briten-Promenade in San Antoni und Café del Mar entdeckte ich plötzlich neu, sah Melancholie, sah Felsbrocken, die den Weg versperrten, und sah dann und wann ein Leuchten am Meereshorizont. All das zeichnete ich. Nicht perfekt. Nicht gewollt. Aber spontan. Und entdeckte, dass allein der Prozess des Malens mein Gemüt aufhellte. Vielleicht hätte van Gogh lieber auf Ibiza und nur im Herbst gemalt. Er hätte womöglich weniger Farben gefunden, die ihn kirre machten. Vielleicht wäre sein Ohr dann damals heil geblieben. Oder er wäre vollends depressiv geworden.

Ich wurde es nicht. Sondern mit jedem Bild, das ich malte, lernte ich besser sehen. Ich sah die Geborgenheit, wenn es draußen wie aus Eimern goss. Ich sah die Menschen, die nach einem arbeitsreichen Sommer in ihren Fincas wieder zu sich selbst kamen. Und ich sah die von der Sommersonne und den Tourimassen ausgetrocknete Natur, die im frischen Nass wieder aufatmen konnte. Und während ich so mit Sehen beschäftigt war, merkte ich gar nicht, dass plötzlich wieder die gute alte Ibiza-Sonne da war. Zwar nicht mehr so kräftig wie im Sommer – dafür aber sanft lächelnd. Wie ich.

Wir hatten Glück. Das Meer hatte herrliche Badetemperatur, die Strände waren leer, und wir verabredeten uns fast täglich zu Bootstouren, Picknicks am Strand und ausgedehnten Strandspaziergängen, zu denen uns nun auch Mona begleiten konnte, weil „Perros no" in der Nachsaison nicht so streng gesehen wird.

Auch Philippe und Anastacia waren mit von der Partie und turtelten ungeniert. Während die beiden mit Mona an der Bucht von Ses Salines tollten, musste ich unweigerlich an das Dave-Drama denken, das noch vor einigen Monaten unser aller Leben gerockt hatte. Von einem Happy End zu sprechen wäre wohl zu früh gewesen – aber eines stand fest: Eleganter Franzose trifft rassige Ibizenkerin, das macht Sinn und ist hübsch anzuschauen. Auch wenn ihre Geschichte etwas verrückt war. Aber welche wahre Liebesgeschichte, die uns ergreift, ist das nicht ...

Cuando amor no es locura, no es amor. Sagt ein spanisches Sprichwort. Auf Deutsch: Wenn Liebe kein Wahnsinn ist, ist es keine Liebe.

Lieben wir etwa kulturell unterschiedlich? Glaubt man der deutschen Volksweise, heißt es, dass jede große Liebe die Geschichte großer Geduld ist. Aber ehrlich gesagt kenne ich wenige Deutsche, die geduldig lieben. Zumindest nicht, ohne zu leiden. Womit wir dann wieder beim Wahnsinn wären.

* * *

Und weil die Liebe eben auch wahnsinnig schön sein kann, tauschte Anastacia bald ihr Stadtapartment gegen Philippes Finca. So lieb ich ihr als Freundin und als Kupplerin offenbar geworden war – sie beteuerte es mehrfach –, musste ich mit Mona weichen. Also tauschten wir: Ich zog mit Mona in die Stadt, und sie konnte endlich Hausherrin werden. Kaum war sie eingezogen, wurde auch ihr Ton mir gegenüber kühler.

Immerhin überließ sie mir ihren winzigen PKW, sodass ich weiterhin meinen Pflichten als Angestellter nachkommen konnte. Auch Mona war während meiner Arbeit auf dem Anwesen geduldet. Ich hätte gekündigt, hätte sie mir das mit ihrer neuen abgehobenen Attitüde auch noch versagt. Doch meine Aufgaben änderten sich: Statt den Pool zu schrubben und für ein heimeliges Zuhause im Junggesellen-Bunker zu sorgen (Letzteres war schließlich nun ihr Job), sollte ich ganz zu ihrer Verfügung stehen. Sollte sie zur Schamanin ihres Vertrauens chauffieren (anscheinend war die Liaison mit Philippe wohl doch nicht so unkompliziert), sie beim Yoga betreuen und ihre Detox-Mahlzeiten zubereiten.

Je mehr ich für ihre Wellness arbeiten sollte, desto unentspannter wurde ich. Bei gleichem Lohn war ich nun rund um die Uhr im Einsatz für Madame. Mein Malkurs, die Spaziergänge mit Mona und die Treffen mit Juanita, Elisa und Co. wurden trotz Nachsaison immer seltener. Geschweige denn, dass mir Zeit blieb, um Patrick zu empfangen.

Es war an einem Manic Monday, als mir der Kragen platzte. Wir waren gerade bei der frühmorgendlichen Yoga-Stunde, als sie mich jäh aus der Tiefenentspannung riss.

„Kannst du nicht leiser atmen? Verdammt!!!"

Ich sprang auf, rollte meine Matte zusammen, schnappte Mona, die bis dato friedlich auf der Terrasse geschlummert hatte, und fuhr von dannen. Unterwegs rief ich Philippe an und machte mir Luft.

„Kümmere dich selbst um deine Diva. Steig am besten direkt in deinen Heli. Ich halt das nicht mehr aus. Und beeil dich: Sie scheint alleine nicht überlebensfähig zu sein!" Ich legte auf, ohne seine Antwort abzuwarten, und es war mir herzlich egal, was er dazu sagte. Ich riskierte meinen Job, meine neue Bleibe in der Stadt, aber nicht mein Leben hier. Denn ich wusste, dass mein Netzwerk stark genug war, um mich im Notfall aufzufangen.

Ich hatte einfach keine Lust mehr, auf die Gunst von Neureichen angewiesen zu sein. Was zugegebenermaßen viele hart arbeitende Leute auf Ibiza sind. So viel zum Thema Freiheit auf der Hippie-Insel. Ich wollte zu denen gehören, die ihren Stolz behielten. Also fuhr ich in Anastacias Apartment, um meine Siebensachen zu packen. Und zum ersten Mal seit meinem Einzug sah ich mich genauer um. Eigentlich schade um meinen frühen Abschied. Denn die Maisonettewohnung in La Marina war ein echtes Juwel.

La Marina ist Ibizas Hafenviertel. Romantische Gassen, die irgendwann im 16. Jahrhundert entstanden sind, durchziehen das Quartier, in dem auch Anastacias Boutique lag. Im Sommer war hier die Hölle los – Sommernachtsshopping bis in die Puppen, fröhliches Geblubber und Menschenmassen, die sich bis spät nachts an den

Ständen und Boutiquen vorbeischoben. Ja, man musste seinen Rhythmus schon an das ibizenkische Nachtleben anpassen, wollte man hier angenehm wohnen. Für eine Lebefrau wie Anastacia wohl kaum ein Problem. Jetzt im Oktober waren die Gassen nicht ganz so proppenvoll und auch die Lautstärke war erträglich, wenn man nicht wie ich gerade mehrere Monate auf einer abgeschiedenen Finca verbracht hatte.

Aber Anastacia hatte sich ihre Bleibe wunderschön eingerichtet. Ihr Interieur war eine Hommage an die Sechziger und Siebziger voll gemütlichem Holz und bunten Farbtupfern wie Sitzkissen, einem marokkanischen Teetisch und verspielten Formen, die sie bis in das winzige Bad durchdeklinierte. Wundervolle französische Fenster mit alten himmelblauen Holzrahmen ließen die Wohnung den gesamten Tag über strahlen, und ich war erstaunt, wie viele Bücher Anastacia besaß.

Ich muss gestehen, ich fühlte mich sehr wohl. Als ich dann noch ein Foto an ihrer Pinnwand entdeckte, das sie an einem der unbeschwerten Oktober-Strandtage von mir und Mona geschossen hatte, war es um mich geschehen. Und als ich meinen Yogi-Tee trank, um meinen Nerven einen sanften Cool Down zu verpassen, bereute ich das abrupte Ende unserer Bekanntschaft.

„Übe Mitgefühl mit dir selbst!“, riet mir das Fähnchen am Yogi-Teebeutel.

Noch ehe ich zum Handy greifen konnte, um mich für meine Flucht zu entschuldigen, klingelte es.

Philippe war dran. Mein Fast-Ex-Chef. Und ... oh, er wollte sich tatsächlich entschuldigen. Für das kindische Gehabe seiner Neu-Freundin. Ich merkte, dass ihm die Sperenzchen seiner Liebsten höchst unangenehm waren.

Philippes Benehmen, von seinen diversen Macken abgesehen, war zumeist „comme il faut“. Was das bedeutete, definierte er jeweils selbst. Aber eines war sicher: Zickerei ging gar nicht.

„Vertragt euch wieder. Na los. Sie wird sich bei dir entschuldigen. Promis!“, druckste er.

„Okay!“, machte ich nach einer kleinen Pause, um seine Verlegenheit ein wenig hinauszuzögern.

„Im Übrigen werden wir heiraten!“, verriet Philippe ohne Umschweife.

Ich konnte es kaum fassen. Nach wenigen Wochen im Liebestaumel wollte er den Schritt aller Schritte wagen? Den Traumprinz-Mythos erfüllen?

Jetzt stammelte ich.

„Nein, sie weiß noch nichts. Und es soll auch vorerst so bleiben!“, entschied Philippe. „Aber du wirst mir beim Antrag helfen, und die Hochzeit planen. Hey, hey! Sind das nicht tolle Neuigkeiten?“

Aha, daher wehte der Wind. Meine Mission als Amor war noch nicht abgeschlossen, und Philippes Netzwerk auf der Insel war quasi nicht vorhanden. Deshalb brauchte er mich.

„Ich tu's. Unter einer Bedingung: Sei dir ganz sicher. Ich kann immerhin nicht zulassen, dass mein Chef sich Hals über Kopf ins ibizenkische Unglück stürzt!“ Ich musste lachen. Philippe auch. Friede, Freude, Eierkuchen – wir waren uns wieder einig. Und ganz ehrlich: Ein wenig freute ich mich auch auf die neue Aufgabe. Herrgott, gibt es etwas Romantischeres als eine Hochzeit auf Ibiza?

Philippe wollte gleich am nächsten Wochenende antanzen, um zunächst die Verlobung zu besprechen. Ich dachte bis dato immer, dass eine Verlobung eine doch recht spontane Angelegenheit sei. Aber so planvoll musste er als erfolgreicher Geschäftsmann wohl vorgehen. Denn die Zeremonie sollte kein bloßer Antrag mit einem Ring aus dem Kaugummi-Automaten sein, sondern ein richtiges Fest, das ob der Kürze ihrer Liaison gewisse Risiken barg.

Ich wollte ihn nicht darauf hinweisen, dass die launische Anastacia durchaus auch Nein sagen könnte, sein Ego dann bis auf Nimmerwiedersehen verloren war und ich – oh Graus – nächte- und tagelang mit ihm die geplatzte Verlobung diskutieren musste.

Um dem vorzubeugen, begann ich noch in der Nacht zu recherchieren.

„Spanische Hochzeitstradition", „Verlobung auf Spanisch", „Heiraten Spanien" waren meine Suchbegriffe bei Google. So stieß ich dann auch auf die Hochzeit des Jahres 2004 mit Kronprinz Felipe und Letizia. Geschätzte zwanzig Millionen Gesamtkosten mit einer 170 Kilogramm schweren Hochzeitstorte und 1400 geladenen Gästen. Mir wurde schwindelig.

In der Nacht träumte ich davon, wie ich mit meinen Freunden einen Flaschenzug bastelte, um die Riesentorte auf Philippes Finca zu befördern, und als das geglückt war, die Torte unter der heißen ibizenkischen Sonne zu einem traurigen, verdorbenen Bach dahinschmolz.

Ich brauchte dringend Urlaub. Von der Urlaubsinsel und ihren waghalsigen Emotionen. Aber ich hatte keine Zeit. Mein Chef wollte bis zum Wochenende den sorgfältig recherchierten Verlobungsvermerk.

Also rief ich Juanita an, die mich natürlich erst mal herzhaft auslachte.

„Wie, du willst heiraten? Kindchen, mach doch so was nicht!"

„Nein, nicht ich. Mein Boss!“

„Was, diese dämliche Diva, die sich nur von Rohkost ernährt und Yoga turnt, anstatt es zu leben? Vergiss es, das hält kein Jahr!“

„Juanita. Hilf mir einfach!“, flehte ich entnervt. „Ich muss einem Franzosen erklären, wie er sich in Ibiza standesgemäß verlobt. Mit allem Drum und Dran. Ohne Fauxpas, verstehst du?!“

„Da fragst du die Falsche, Süße!“

„Ach, komm schon!“, bettelte ich weiter.

Und wir machten uns auf, eine Umfrage unter Einheimischen zu starten. Das Resultat allerdings war ernüchternd. Ja, gab es denn keine ordentlichen Vorschriften, wie man sich in Spanien zu verloben hatte?

Der eine schlug ein Blumenkränzchen statt Verlobungsring vor (welch welke Eheanbahnung), die Nächste wollte uns zur Verlobung bei Es Vedrà verpflichten, und ein besonderer Spaßvogel fragte mal vorsichtig nach, ob der ausländische Bräutigam denn schon die potenziell erzkonservative Familie seiner Bettgenossin und zukünftigen Gattin kennengelernt hatte.

Hatte er nicht, und ich fürchtete erste Hindernisse.

* * *

Schritt eins auf meiner Liste war nun eben die flotte Bekanntmachung mit Anastacias Eltern, die allerdings in Marbella lebten. Ich sah eine Verlobung mit Hindernissen auf mich zurollen inmitten der ibizenkischen Idylle.

Immerhin konnte ich noch recherchieren, dass der Verlobungsring, wie in Deutschland, an der linken Hand getragen wird. Auf die Suche nach dem teuren Miststück machte ich mich nicht. Das musste der Chef schon selbst nach Gusto erledigen. Denn vermutlich hätte ich auch nie in seinen Preisdimensionen gerechnet.

Ich notierte alles fein säuberlich, plante die Ankunft von Anastacias Eltern und den Antrag nach Zustimmung des Brautvaters am dritten Abend. Ich wählte die Vorweihnachtszeit. Weil dann alle ohnehin so ergriffen waren und Anastacias Papa bestimmt sein Titan-Herz öffnen würde.

Philippe kam und folgte meinem Plan ohne Widerworte. Er hatte innerhalb weniger Monate ein immenses Vertrauen auf mich gewonnen. Und das erschreckte mich. Traute ich doch meinem eigenen Plan nicht.

Jesus! Einen verpatzten Advent infolge eines negativen Heiratsbescheids konnten wir nun alle nicht gebrauchen. Die Emotionen auf Ibiza waren schließlich unberechenbar. Aber ich bestärkte meinen Chef in seinem tollkühnen Vorhaben. Und recherchierte weiter.

* * *

Ich merkte schnell, dass ich auf meine neuen einheimischen Freunde in Sachen Hochzeitsbräuche wenig vertrauen konnte. Entweder kannten sie Anastacia, oder sie waren bekennende Hochzeitspaniker. Also schnappte ich mir mein MacBook, Mona und meine Picknicktasche und machte mich auf in eine Strandbar, um dort einerseits die wunderbare Oktobersonne zu genießen und andererseits die wichtigsten Fakten über spanische Hochzeitsbräuche zu googeln. Ich landete in der Bucht Sol d'en Serra. Ein winziger Kiesstrand zwischen Cala Llonga und Roca Lisa im Osten der Insel. Eigentlich hatte das Lounge-Restaurant, das hoch über der Bucht thront, schon geschlossen, und eigentlich waren auch keine Hunde erlaubt ..., aber eigentlich fand mich der Besitzer wohl ganz nett, und wir durften es uns auf den Lounge-Bänken gemütlich machen, WLAN-Nutzung und einen köstlichen Kaffee inklusive.

Insbesondere als ich mein Anliegen vorbrachte, bereute der Kellner seine Ausnahme-Öffnung nicht und bot sich an, die Feier auszurichten. Aber noch war ich nicht so weit. Zunächst wollten knallharte Fakten über spanische Hochzeitsromantik gesammelt werden.

So fand ich auch schnell zahllose Hochzeitsseiten, die jedoch vor allem über südspanische Sitten für Brautpaare aufklärten. Dort soll das Brautkleid nicht traditionell weiß, sondern gar als traditionelle Tracht getragen werden. Die Flamenco-Hochzeit also, was Anastacias Eltern aus Marbella besonders gefallen dürfte. Nicht aber dem Pariser Bräutigam – und der war schließlich mein Auftraggeber. Oder aber die spanische Braut trägt traditionell ein schwarzes Spitzenkleid – ebenfalls Franzosen-Familien-untauglich. Die Gefahr war zu groß, dass Philippes Familie sich versehentlich auf einem Trauerfest wähnte.

Insgesamt acht (!) Trauzeugen bestätigen den Bund der Ehe – paritätisch auf die Eheleute in spe verteilt. Eigentlich ein sinnvoller Brauch! Niemand fühlte sich vor den Kopf gestoßen – man konnte seinen Bruder und den besten Freund fragen und noch zwei Kumpels, denen man einen Gefallen schuldig war. Sehr praktisch. Deutschland sollte von Spanien lernen – in dieser Hinsicht.

Am besten gefiel mir der Brauch rund um die Goldmünzen. Am Traualtar war es üblich, dass der Bräutigam seiner künftigen Frau noch vor der Trauung ein Versprechen gibt. Jenes, sie immer zu unterstützen – materiell und emotional. Symbol dafür sind dreizehn Goldmünzen, die er ihr in einem schmucken Säckchen überreicht. Erst dann kommt das offizielle Jawort, das dann auch – rein juristisch gesehen – die zivilrechtliche Trauung ersetzt.

Ich fertigte ein Hochzeits-Dossier für Philippe, das diese und jene Hinweise enthielt und meine persönliche Einschätzung. Speicherte das Dokument bei Sonnenuntergang ab und sammelte beim Abschied aus der schönen, abgeschiedenen Bucht noch ein paar Info-Broschüren ein, die wunderbare Impressionen vergangener Hochzeiten in Sol d'en Serra enthielten – samt saftiger Preise.

Auf der Heimfahrt bemerkte ich, dass auffällig viele Autos in Richtung Stadt unterwegs waren. Und richtig – es war Halloween, der Oktober passé, und während meine deutsche Heimat im Nebel versank, war ich auf den an sich unangenehmsten aller Monate auf Ibiza gespannt.

# *November*

Und da war er – der Monat, in dem deutsche Zeitungen über Totengedenktage und Winterdepression schreiben. Nicht so auf Ibiza. Der November gibt sich hier spätsommerlich – und die Einheimischen nutzen die Ruhe nach dem Touristensturm, um ihr Meer für sich zu erobern.

Ich wiederum nutzte einen der „Spätsommertage“ für einen Ausflug mit Mona – raus aus der Stadt in die November-Idylle. Trotz der Fahrzeit zog es mich immer wieder gen Norden.

Ich düste in Richtung Puerto de San Miguel. Ich genoss den feinen Sandstrand, warf Stöckchen und lachte über Monas Sprints ins Wasser. Gesäumt von pinienbedeckten Hügeln, aber menschenleer präsentierte sich dieses unbekannte Fleckchen. Ich genoss die Ruhe.

Bis ich Monas aufgeregtes Bellen hörte. Und plötzlich sah ich doppelt. Mit einem zweiten Hund flitzte sie um die Wette – in die Wellen, purzelte in den Sand, schnüffelte.

Mona lief aufgeregt zu mir, um mir ihren neuen Spielkameraden zu zeigen. Ich suchte den menschenleeren Strand nach einem möglichen Herrchen oder Frauchen ab. Ohne Erfolg. Auch als ich eine Stunde mit beiden Hunden gewartet hatte, war niemand in Sicht, der das kleine Fellknäuel vermisste.

Die Hündin war gerade ein paar Wochen alt. Das konnte ich sehen, sie war tapsig und zeigte bereitwillig ihre kleinen Welpenzähnchen. Aber offenbar war ihr Orientierungssinn nicht in Ordnung. Als Mona über einen großen Ast am Strand hopste, lief sie dagegen und ich bemerkte, dass sie wahrscheinlich blind war. Der Anblick des herrenlosen, weiß-braunen Fellbündels brach mir fast das Herz. Was tun? Ich konnte sie nicht einfach hier am Strand zurücklassen – aber auch nicht einfach einsammeln und mit nach Hause nehmen.

Mona stupste mich an. Richtig. Ich musste der Polizei Bescheid geben. Vielleicht war die Kleine registriert. Vielleicht war ihrem Besitzer etwas zugestoßen.

Kurze Zeit nach meinem Notruf kam die Polizei. Herrenlose Hunde auf Ibiza ... offensichtlich ein Routine-Fall. Sie befragten mich eindringlich, suchten vergeblich nach einem Chip und wollten dann gleich den Hundefänger alarmieren. Ich war hin- und hergerissen. Ich wusste zwar, dass auf Ibiza seit einigen Jahren keine Tötungsstationen mehr existierten. Aber in Verwahrung bei einem Hundefänger oder in einem Tierheim mochte ich das kleine, blinde Mädchen auch nicht wissen. Andererseits konnte ich unmöglich zwei Hunde in Anastacias Stadtwohnung halten. Ich war kurz davor, in Tränen auszubrechen. Als der Hundefänger vor Ort war, versicherte er mir, dass er sich gut um sie kümmern würde. Ich bettelte so lange, bis ich mir selbst ein Bild machen durfte, und bestand darauf, dass ich mich persönlich um eine Vermittlung bemühte. Das wiederum war dem Hundefänger herzlich egal.

Am Abend telefonierte ich mit meinem Schatz.

„Du kannst nicht alle Hunde auf dieser Welt retten.

Du hast die Hündin vor dem Hungertod gerettet. Ist das nicht schon ziemlich gut?", fragte er.

Ich träumte wirr in dieser Nacht. Von traurigen, streunenden Hunden auf Ibiza, das doch eigentlich mein Alltagsparadies geworden war. Von Mona, wie sie einst vom griechischen Tierschutz vermittelt zu mir nach Saarbrücken kam. Und vom Schicksal der vielen Hunde, die ich nicht retten konnte.

Am nächsten Tag besuchte ich Juanita und berichtete ihr vom Schicksal des kleinen blinden Hundemädchens.

„Komm mit! Ich habe eine Idee."

Sie erzählte mir vom Tierschutzverein Duo Ibiza, dessen Mitglieder sich liebevoll um verstoßene Streuner und ausgesetzte Welpen kümmerten.

„Du wirst sehen", erklärte sie mir auf der Fahrt zu Duo nach Sant Rafel. „Die haben das Herz am rechten Fleck. Seit rund zwanzig Jahren gibt's den Verein schon – und sie haben in Sachen Tierschutz ganze Arbeit geleistet. Ihre gesamte Energie und Liebe gilt den Hunden, die dort leben. Ehrenamtlich. Aber: Ich habe noch nie so reiche Menschen gesehen – so seelisch reich."

Im Duo-Land, wie die Helfer ihre Hunde-Zuhause liebevoll nennen, empfing uns Christiane. Sie hatte 1993 den Tierschutzverein gemeinsam mit einem Dutzend engagierter Freundinnen gegründet und ihr Zuhause für die verstoßenen Hundeseelen zur Verfügung gestellt. Ihre Finca war ein kleines Paradies.

Keine Zwinger, keine Boxen. Dafür zehn große Gehege, in denen die Hunde nach Herzenslust tollen durften. Manche, kranke oder besonders schwache, wohnten sogar mit Christiane im Haus.

Ich war überwältigt von so viel Tierliebe.

Christianes Gastfreundschaft galt aber offenbar nicht nur den Fellnasen, sondern auch uns. Wir nahmen auf ihrer Terrasse Platz, und ich berichtete vom Fund des kleinen Maulwurfmädchens im Norden der Insel.

„Der Welpe ist jetzt beim Hundefänger. Aber ich verkrafte es nicht, ihn dort zu lassen. Mit seinem Handicap braucht er jemanden, der sich liebevoll um ihn kümmert. Ein gutes, schönes, herzliches Zuhause." Ich war wieder den Tränen nahe.

Aber Christiane konnte mich beruhigen. Sie selbst hatte diese Erfahrung oft genug am eigenen Leib gemacht – bis zur physischen und psychischen Erschöpfung um eine neue Chance für die verstoßenen Hunde gekämpft.

„Ich glaube, ich kann den Welpen hier aufnehmen. Wir sind zwar mit derzeit neunzig Hunden hier wirklich am Rand unserer Kapazitäten. Aber dieses eine arme Hundemädchen bekommen wir noch unter. Versprochen!"

Ich war erleichtert von so viel spontanem Einsatz und wollte von Christiane genauer wissen, warum eine Deutsche sich so leidenschaftlich für Hundeseelen auf Ibiza engagiert.

Und Christiane berichtete uns, wie sie vor fast dreißig Jahren – ohne Hund – auf die Insel kam.

„Es waren schreckliche Zustände damals. Es gab kein Tierheim. Nur Tötungsstationen, die das ‚Hundeproblem' auf der Insel lösen sollten. Damals wusste ich nichts davon. Bis ich eines Tages einen Podencomischling fand, der halb verhungert in einem Wasserauffangbecken gefangen war. Ich habe die Hündin aufgepäppelt und sie ‚acqua' getauft. Zwölf Jahre lang hat sie mich begleitet und mich so auf den Tierschutzpfad geführt." Christianes Augen leuchteten, als sie von ihrem geliebten Findelkind sprach.

„Tja, und wenn du einmal so etwas erlebt hast, wirst du sensibel dafür. Und plötzlich fand ich ständig streunende, verlassene, verstoßene Hunde. Und ich wollte alle retten. Ein aussichtsloses Unterfangen, wenn du ganz alleine damit bist. Aber ich hatte Glück: Anfang der Neunziger kamen zwei junge deutsche Tierärztinnen auf die Insel, Heike und Martina, die plötzlich damit konfrontiert waren, dass sie gesunde Hunde, die niemand mehr wollte, einschläfern sollten. Sie brachten es nicht über's Herz. Schließlich waren sie Ärztinnen geworden, um zu helfen. Wir taten uns also zusammen und gründeten mit ein paar anderen Frauen Duo. Und ich sage euch, wir waren sehr naiv damals."

Aber die Mädels vom Duo-Land boxten sich durch, wie ich weiter erfuhr. Frequentierten die Tötungsstationen, um Hunde zu retten, mussten wählen, welcher Hund bei Duo ein Plätzchen fand und welcher keinen Platz mehr finden konnte. Wurden zu Notfällen gerufen, etwa als ein kleiner Welpe gefunden wurde, den ein Tierquäler mit heißem Öl übergossen hatte. Sie päppelten auf, versorgten, schmusten und vermittelten die Hunde. Bis heute.

Christiane lachte: „Ich weiß nicht mehr, wie viele Abendessen ich ausgerichtet habe, um ein neues Zuhause für unsere Schützlinge zu finden. Und genau das ist der Ansporn, weiterzumachen – trotz vieler Rückschläge, die wir in den vergangenen zwanzig Jahren erlebt haben –: die Rückmeldung glücklicher Hundeeltern. Wir können nicht die ganze Welt retten, aber wir können die ganze Welt eines Hundes retten. Und diese Hunde glücklich in einem neuen Zuhause zu erleben, das ist der schönste Lohn!"

Ich kraulte Mona, die die ganze Zeit brav an meiner Seite gesessen hatte. Ich wusste vom Glück dieser Hundeeltern. Und konnte beim treuen Blick meines griechischen Findelkindes auch etwas von ihrem Glück erahnen.

Nach Ablauf der vorgeschriebenen 21 Tage „in Verwahrung" endlich konnten wir gemeinsam mit Christiane zum Hundefänger fahren, um das Welpenmädchen abzuholen. Auf der Fahrt berichtete Christiane von den vielen treuen Helfern, ohne die Duo keine Chance hätte.

„Wir waren wirklich beharrlich über die Jahre hinweg. Haben Aufklärungsarbeit geleistet. Kastrationsaktionen durchgeführt. Als wir angefangen haben, war die staatliche Perrera, also die Auffangstation, ein Verließ. Die Hunde wurden an Ketten in kurzen, feuchten Verschlägen gehalten. Das ist heute zum Glück vorbei – es hat sich vieles zum Positiven für die Tiere auf der Insel geändert. Und wir arbeiten gut mit den staatlichen Tierheimen und anderen Zierschutzvereinen auf der Insel zusammen. Wir sammeln Spenden – so können wir die Hunde in den Tierheimen kastrieren und sterilisieren lassen und erhöhen so ihre Chance auf ein neues, glückliches Zuhause. Und das kann kein noch so gutes Tierheim ersetzen."

Tierschutz ist anstrengend – und unbequem: Tag und Nacht ist das Duo-Team unterwegs, um seine Schützlinge zu versorgen, zu verarzten, überfahrene Tiere von der Straße oder Welpen aus dem Müll zu entsorgen.

Die Hündin bemerkte unsere Ankunft, bemerkte Mona. Mangels Augenlicht verließ sie sich komplett auf ihre Ohren, den Tastsinn und die Nase. Und sie schien uns wiederzuerkennen. Auf der Rückfahrt ins Duo-Land sollte sie dann auch einen Namen bekommen: Topo, spanisch für Maulwurf.

Christiane versorgte Topo, die trotz ihrer Blindheit unglaublich quirlig war, liebevoll und gab ihr zunächst ein Plätzchen auf ihrer Finca. Wir wollten behutsam testen, ob Topo mit anderen Hunden kompatibel war.

Ich versprach Christiane, sie bei der Vermittlung zu unterstützen. Denn sie wusste aus langjähriger Erfahrung: Hunde mit Handicap brauchen schlicht länger, um jemanden zu finden, der ihnen ein neues Zuhause gibt.

Ich wusste inutitiv, dass wir schon bald ein reizendes neues Plätzchen für Topo finden würden. Mona immerhin hatte eine neue Spielkameradin in ihr gefunden und spielte besonders vorsichtig mit dem Findelkind. Noch am gleichen Abend postete ich auf Facebook Fotos und berichtete von Topo unter dem Titel „Körbchen gesucht“.

# Dezember

Und dann war es da – das Jahresfinale. Und neben den üblichen Feiertagen stand auch die riskante Verlobungsfeier auf dem Plan, deren Vorbereitung ich in den letzten Wochen zugunsten der Hunde vernachlässigt hatte.

Unglücklicherweise erinnerte mich nun eine unsanfte SMS meines Chefs an meine eigentlichen Aufgaben.

„Fang schon mal an, die Verlobungsringe auszusuchen!", schrieb er inmitten der Pariser Geschäftigkeit. Und eine zweite Message ergänzte: „Preis spielt keine Rolle."

Und da begann das Drama. Nicht, dass ich mich niemals zuvor mit Verlobungsringen beschäftigt hatte – schlimmer: Schmuck vom Hippiemarkt war mir ebenso lieb wie ein teurer Diamantring. Kurzum: Ich hatte keinen blassen Schimmer. Und es kam noch schlimmer: Welchen Ring schenkt man einer Diva, die selbst eine edle Schmuckboutique in Ibiza-Stadt betreibt? Noch dazu, wenn man diese Geste unendlich geplanter Liebe noch im Auftrag ausführen sollte. Diesmal wollte ich nicht Google konsultieren, sondern fragte Juanita. Ich wusste, dass ihr Bekanntenkreis von mehr oder weniger begabten Kunsthandwerkern nur so wimmelte.

„Oh nein, jetzt kommst du mir wieder mit dem Hochzeitsthema!" Sie schlug die Hände über dem Kopf zusammen. „Aber beim Thema Schmuck kann ich dir helfen. Wir fahren Sonntagabend zu Carla. Sie ist gelernte Goldschmiedin und wohnt bei Benirras. Sie fertigt nicht für jeden Stücke. Nur, wenn ihr die Geschichte und der Anlass gefallen. Bei den Turbulenzen um Philippe und Anastacia dürftest du ihren Geschmack treffen."

Wir luden uns also kurzerhand zum Essen bei Carla ein, deren Label „Carla Corazón" nirgends online zu finden war. Ein echter Geheimtipp also – oder eine verdammte Pleite. Ich war gespannt.

Als wir nach Benirras düsten, hatte ich ein verwunschenes glanzloses Hüttchen erwartet, das verloren auf einem Hügel stand und eine esoterisch angehauchte Künstlerin mit Zottelhaar beherbergte. Schon beim Befahren der Einfahrt wurde mir klar, dass mich mein altes, deutsches Schubladendenken an der Nase herumgeführt hatte.

Uns öffnete eine toughe Business-Blondine mit klimpernden Armreifen. Sie stöckelte mit Storchenbeinen und Stöckelschuhen über den blitzblanken Marmorboden ihrer Bauhausvilla mit Meerblick, um uns an eine vier Meter lange Tafel auf der Traum-Terrasse zu führen, die für ein, zwei, drei Personen gedeckt war.

„Casa Carla!", schnalzte sie stolz und reichte uns einen Cava. Ich musste neidlos anerkennen, dass dies das schönste Haus war, das ich je live gesehen hatte. Und war froh, dass für Philippe Geld keine Rolle spielte. All das hatte sie mit Kunsthandwerk verdient? Man stelle sich die Preise vor! Aber eines war sicher: Wenn es eine Kundschaft für die ominösen Kreationen gab – dann auf Ibiza.

Carla kippte ihren Cava auf ex und forderte mich auf, meine romantische Liebesgeschichte à la française zu erzählen. Noch bevor ich klarstellen konnte, dass es hier glücklicherweise keineswegs um mich ging, läutete sie mit einem winzigen Glöckchen, woraufhin ein ebenso winziges Fräulein erschien, das auf ihren Fingerzeig das Sonnensegel richtete, um uns vor der kraftvollen Dezembersonne zu schützen.

Ich war einigermaßen baff. Aber weil Business-Carla offenbar schnell zur Sache kam und keinen Widerspruch duldete, beeilte ich mich, das Dilemma klarzustellen.

„So so, verstehe! Ibizenkische Prinzessin trifft charmanten, stinkreichen Franzosen. Das hält kein Jahr!", sagte sie knapp. „Wir brauchen also etwas, das besonders stabil aussieht!" Ein Verlobungsring als Camouflage für eine Romanze mit kurzer Halbwertszeit? Ich kam mir vor wie beim Kostümverleih. Vermutlich hatte die gute Carla eine ähnliche Geschichte mit Bad End erlebt, protestierte die hoffnungslose Romantikerin in mir.

„So was Ähnliches hatte ich schon mal! Ich suche das Referenzobjekt gleich mal raus. Ich habe es hier."

Juanita zwinkerte mir zu.

„Voilà!", machte Carla mit spanischem Akzent und hielt mir einen Riesenklunker unter die Nase. „Den hab ich selbst mal getragen."

Mir schwante Böses. Nicht nur, dass der Ring außerordentlich hässlich war. Ich vermutete, dass das Duplikat für Anastacia voller negativer Schwingungen verarbeitet wurde. Ibiza hatte auf mich abgefärbt.

Offenbar schien Carla mein Zaudern zu bemerken.

„Keine Panik, Kleines! Meine Geschichte ist passé. Und ich werde mein Bestes geben, einen wundervollen Ring zu arbeiten, der diesmal bis zur glücklichen Hochzeit getragen wird."

Ich atmete hörbar auf. „Und welche Materialien schlägst du vor?"

„Wir nehmen keinen Diamanten. Das ist nullachtfünfzehn! In welchem Monat ist die Trägerin denn geboren?“

„Mai!“, sagte ich knapp.

„Sehr schön, also ein Smaragd!“

„Smaragd? Wieso Smaragd?“

Juanita lachte: „Na, das ist ihr Geburtsstein!“

„Okay, also ein Smaragd. Das wilde Grün wird ihr gefallen!“, lachte ich zurück.

„Dazu gibt's Gold. Mit Silber wird sie sich ihrem Bild bei Facebook nach zu urteilen nicht zufriedengeben!“ In Windeseile hatte Carla alle Infos über ihre Kundin gesammelt und malte, sinnierte und fragte. Am Ende des Abends stand der Entwurf und ich konnte Philippe davon berichten. Er gab spontan sein Okay.

Wir bedankten uns bei Carla, und sie versprach, ihre gesamte Energie in den Verlobungsring zu stecken. „Das ist auch meine eigene Heilung!“, seufzte sie melodramatisch beim Abschied. In zwei Wochen sollten wir das gute Stück bekommen – rechtzeitig zum Fest der Liebe.

* * *

Per Skype berichtete ich jeden Abend nach Paris über die Fortschritte der Verlobungsplanungen. Eine Wasserverlobung sollte es werden. Philippe wollte seine Schwiegereltern in spe und seine Geliebte mit einer Yacht-Tour nach Formentera beeindrucken. Und ihr dort am Strand den Ring anstecken – sofern sie Ja sagte.

Seine eigenen Eltern wollte er nicht dabei haben. Sie waren das letzte Mal in den Siebzigern auf Ibiza gewesen – zum Zeitpunkt seiner Zeugung, wie er mir freimütig erklärte. Und fanden die Insel zu hippiesk. Höchstens zur Hochzeit ihres Sohnes würden sie anreisen – das hatten sie vor einigen Jahren dem ewigen Junggesellen in Aussicht gestellt. Mit einer Mischung aus Hoffnung und Verzweiflung.

Anastacias Eltern reisten am 15. Dezember an und wollten partout bei ihrer Tochter wohnen. Sie liebten das kleine Apartment, in dem ich mich jedoch inzwischen eingenistet hatte. Also mussten Gästebetten auf Philippes Finca vorbereitet werden. Sie waren unglaublich pingelig, und Philippe mahnte mich, dass ich die Gästeräumlichkeiten staubkörnchenfrei halten sollte. Was auf Ibiza zugegebenermaßen mehr als schwierig war. Ich schrubbte und wedelte, was das Zeug hielt, während Tochter Anastacia am Pool die Wintersonne genoss.

Philippe selbst wollte am Vortag der geplanten Verlobung anreisen und seine ahnungslose Freundin und deren Eltern zu einer lockeren Spazierfahrt mit Picknick in Formentera einladen, dessen Vorbereitung befreundete Gastronomen auf der Insel organisierten. So weit der Plan. Ich wies meinen Boss darauf hin, dass man möglichst einen anderen Platz suchen sollte als beim letzten Formentera-Besuch. Die Schlägerei zwischen Dave und ihm hatte mich nachhaltig traumatisiert. Also wählte ich eine neue Location. Formentera ist Anfang Dezember quasi menschenleer – insofern hatte ich freie Auswahl. Die Wahl fiel auf S'Espalmador.

Die winzige Insel Espalmador kannte ich von einem sonnigen Mai-Ausflug und hatte mich verliebt. Damals wimmelte es nur so von Touristen, die den „Geheimtipp" aufsuchten. Abgeschieden war hier nur das Anwesen am

Hafen S'Algar. Ende der Zwanzigerjahre hatte ein Geschäftsmann kurzerhand die Insel gekauft und das wildromantische Gebäude samt Oratorium errichtet. Heutzutage kamen neben den Touristen im Sommer auch seine Nachfahren hin und wieder zu Besuch, um das Anwesen als Sommerresidenz zu nutzen. Wir konnten also im Dezember mit ziemlich großer Wahrscheinlichkeit auf Einsamkeit hoffen.

Neben dem Traum von einer eigenen Insel war S'Espalmador außerdem für seine Schlammlagune bekannt, zu der ich mich auch bei meinem letzten Besuch durch das Dünengestrüpp gekämpft hatte. Die Schlammbäder sollen angeblich verjüngend wirken. Aber angesichts der Vogelkacke im Schlamm konnte ich mich damals dann doch nicht überwinden, in den stinkenden Jungbrunnen zu hopsen. Diese Attraktion wollten wir dem verliebten Paar und seinen Eltern auch ersparen. Wäre ohnehin die falsche Message gewesen.

***

Der durchgetaktete Romantik-Trip klappte wie am Schnürchen. Wir hatten Anastacia vorsorglich mit ausreichend Champagner abgefüllt, sodass ihr beim „Ja!“ die Tränen kamen. Die Eltern waren überwältigt, der Ring passte, und mein Chef steckte mir nach erfolgreichem Abschluss der Verlobungssause einen Extra-Hunderter zu. Steuerfrei.

Nun konnte endlich die Weihnachtszeit auf Ibiza anbrechen, von der alle so geschwärmt hatten. Zum Fest der Liebe hatte ich Patrick eingeladen, zwei Wochen mit mir zu verbringen.

Nach all dem Verlobungstrubel wurde mir mit einem Schlag klar, wie ruhig Ibiza um diese Jahreszeit war. Kurze Tage, heftige Regengüsse, kurze kräftige Sonnenphasen und Winterstürme waren dabei regelrecht aufregend. Viele meiner Freunde „überwinterten" auf der südlichen Erdhalbkugel. Die Insel hielt inne – bei milden 15 Grad. Und so plätscherten die Tage vor sich hin, nach diesem wilden Sommer und den intensiven Begegnungen. Nicht nur die Menschen schienen sich vom Tourismus zu erholen – Kaffeekränzchen im Familienkreis hatten zu dieser Zeit Hochsaison –, auch die Natur gönnte sich eine Auszeit von der millionenschweren Besucherlast, die sie Sommer für Sommer stemmen musste und dabei immer top aussehen sollte. Ich nutzte die Zeit für lange Winterspaziergänge mit Mona im Osten der Insel. Ein Fleckchen, das ich in der Hochsaison wegen akuter britischer Überflutung gemieden hatte. Und ich entdeckte Traumstrände, sammelte Muscheln und Steine und war schlicht glücklich, ein wenig Zeit mit mir zu haben.

Advent als Zeit der Besinnung bekam auf der menschenleeren Insel eine ganz neue Bedeutung, und ich startete eine soziale Diät. Mit mir sein, mit mir gut sein. Ich fühlte, wie ausgelaugt ich war von allen Ereignissen, Plaudereien, Entdeckungen und dem Hin- und Hergezerrtsein zwischen yogischer Versenkung und glamourösen Verlockungen. Wie nah doch die Extreme hier im Sommer beisammen lagen. Ich wollte nichts missen. Aber es war eine Zeit lang gut für mich, in der Mittelmäßigkeit zu pausieren.

Schon als Siebenjährige gestand ich meiner Mama: „Die Langeweile ist mein schlimmster Feind!" Daran hatte sich auch mit dreißig Lenzen nichts geändert, und ich fand, es war an der Zeit, umzudenken. Wer eine lange Weile aushalten kann, anstatt nach immer neuen Ablenkungen zu suchen, wird gestärkt aus der Kraftprobe hervorgehen. Das winterliche Ibiza bot das perfekte Biotop für diese ausgesprochene Mutprobe.

Meinem Liebsten wollte ich derlei Selbststudium ersparen, hatte er diese Lektion doch ohnehin längst verinnerlicht, und als er endlich einige Tage vor Weihnachten in der Stille eintrudelte, durfte auch mein Lebenshunger wieder lauter knurren. Wie praktisch, dass das Inselleben um die Feiertage für gewöhnlich kurz, aber heftig aufflackert. Wir genossen den Touri-Trubel auf der Vara de Rey, besuchten den Weihnachts- und Kunsthandwerkermarkt. Trafen uns zum Adventskaffee bei Juanita. Besuchten Konzerte, und sogar ein Abend im Pacha war fällig.

Als ich dann noch entdeckte, dass eine Kirche in Sant Elm eine wunderbare Krippenszene bot, war es mir vollends heimelig zumute. Immerhin hieß der Ort wie das kleine saarländische Dörfchen, in dem ich aufgewachsen war, und ich bekam eine Prise Heimweh, die ich mit pompöser Vorweihnachtsstimmung vertuschte. Wie befreiend es auf einmal war, nicht auf weiße Weihnachten hoffen zu müssen und bei 15 Grad und Nieselregen getrost heiße Schokolade zu kosten.

Auch die Hektik rund um die Weihnachtseinkäufe fiel flach: Wir feierten zu zweit und hatten beschlossen, dass diese Tage, die wir gemeinsam hatten, Geschenk genug waren. Philippe war mit Anastacia in die Südsee verreist, und wir genossen Weihnachten im Bett auf Philippes Finca. Die „Noche Buena" wollten wir dennoch mit einem spanischen Festmahl krönen. Juanita hatte mir das

Rezept für „Turron“ verraten – eine sündige Köstlichkeit aus gerösteten Mandeln, Zucker, Honig und Eiern.

Zu Silvester hatten wir uns mit Juanita, den Juans und ihren Familien, Elisa und Kalle verabredet. Im Pulk taten wir, was die vielen Ibizenkos in dieser Nacht tun, wenn sie nicht zu schlapp nach dem üppigen Mahl im Familienkreis sind: Wir kraxelten zur Kathedrale Santa Maria de las Nieves in der Altstadt hinauf. Sichtbar bewaffnet mit Weintrauben und, für die Männerwelt nur zu erahnen, mit roten Dessous ausgestattet. Ein wenig Aberglaube hat noch niemandem geschadet, und so spielte ich gerne bei spanischen Silvesterbräuchen mit. Sobald die Glocke zu Mitternacht läutete, verspeiste jeder von uns zwölf Weintrauben – eine zu jedem Glockenschlag. Exakt getimt. So will es der Glücksbrauch. Ob unser innigster Kuss beim gedachten 13. heiligen Bimbam dazugehörte? Ich gehe davon aus!

# *Januar*

Ich mag den Januar einfach nicht. Auch wenn meine Freunde in Deutschland drauf schwören. Der Januar ist und bleibt ein enttäuschender Monat. Man quält sich müde und übersättigt von Braten, Plätzchen und Geschenken ins Büro – anfangs noch voller Euphorie über die neuen guten Vorsätze. Aber es wohnt eben doch nur dem Anfang ein Zauber inne. Denn was passiert Mitte Januar? Die waghalsigen Vorsätze weichen immer öfter der Routine, und auch die besten Selbstmanagement-Ratgeber können keine Abhilfe schaffen. Jedes Jahr um den 15. Januar herum wittere ich Frühlingsluft – nur, um dann umgehend meine Fata Morgana in Nieselregen-Schneematsch und löffelweise Nutella einzutauschen. Nicht so in diesem Jahr.

Das lag an drei Dingen:

1. Ich hatte überhaupt keine Vorsätze gefasst – es konnte alles erst mal so wunderbar bleiben, wie es war.
2. Es gab keinen Schneematsch, der einem von unten in die Hosenbeine kriecht. Dafür vergleichsweise raue Regentage, die ich aber vor dem wunderbaren Kamin in Anastacias Stadtwohnung verbrachte.
3. Mit Silvester war das Fest-Hopping noch lange nicht vorbei. Und das mag an der Mentalität der Ibizenkos liegen.

Ibiza – eine Fiesta fürs Leben! So sind im Laufe der Jahrhunderte haufenweise Anlässe entstanden, gemeinsam zu genießen. Folklorefeste, Patronatsfeste, Wallfahrten oder historische Ereignisse werden ausgiebig zelebriert.

Und so startet der Januar gleich mit Los Reyes Magos – den Heiligen Drei Königen. Zwar feiern immer mehr junge Familien schon am 24. Dezember Bescherung mit ihren Kindern. Korrekt nach spanischem Brauchtum ist es aber nicht – und ehrlich gesagt auch ein wenig unlogisch.

Man überlege: Jesus wurde zwar am 24. Dezember geboren – bekanntlich dauerte es aber dann doch bis zum 6. Januar, bis die Heiligen Drei Könige mit ihren Geschenken eintrafen. Statt Gold, Weihrauch und Myrrhe gibt es zwar heute auch für die traditionell erzogenen Kinder eher Playstations und Playmobil, aber sie müssen bis zum Abend des 5. Januar warten. Dann präparieren sie einen königlichen Empfang für die Reyes Magos mit ihren Schuhen und Stroh und Wasser für die Kamele. Und so gibt es Geschenke und Dreikönigskuchen. Wer die Bohne oder Figur in seinem Stück erwischt, ist zudem für einen Tag König und, ach ja, fast hätte ich es vergessen, auch hierzu gibt's das passende Festessen.

Ich durfte den Heiligen Drei Königen in Juanitas Familienkreis huldigen. Samt ihrer erwartungsfrohen Nichten und Neffen. Peinlich nur, dass Mona versehentlich den halben Kuchen aufgefressen hatte, als wir einen Moment nicht aufpassten. Und der Abend für uns beinahe in der Tierklinik geendet hätte. Hätte nicht Juanitas Neffe Jaume doch noch das Kuchenstück mit der Plastikfigur gefunden und Mona so vor einem Ultraschall bewahrt.

So erleichtert fasste ich am Folgetag dann doch einen

Neujahrsentschluss – keinen Vorsatz, versteht sich. Und ich hielt es fortan mit Voltaire, der meinte: „Da es sehr förderlich für die Gesundheit ist, habe ich beschlossen, glücklich zu sein." Ich berichtete Juanita von meinem vorsätzlichen Beschluss und wartete darauf, dass sie ihr herzliches Lachen lachte.

Fehlanzeige. Ich erntete ein müdes Grinsen – und war einigermaßen erstaunt. Sie, die sonst so tough war, für jede Feier und jeden Spaß zu haben, wirkte schlapp. Mir wurde klar, dass das nicht erst seit heute so war. Schon an Silvester verabschiedete sie sich früh, suchte engen Familienkontakt, und auch das Rauchen hatte sie aufgegeben.

„Alles klar mit dir?", fragte ich vorsichtig.

„Nein, meine Liebe. Schon lange nicht mehr. Um ehrlich zu sein: Ich werde bald sterben."

Ich wollte nicht wahrhaben, was sie da gesagt hatte.

Und doch: Krebs im Endstadium. Die Ärzte gaben ihr zwei Monate. Juanita wirkte fahl, aber nicht verzweifelt. Wir sprachen die ganze Nacht. Sie erzählte mir, wie sie den Krebs schon einmal besiegt hatte. Wie sie neuen Lebensmut gefasst hatte. Wie sie gekämpft hatte, obwohl sie damals alle schon abgeschrieben hatten.

Ich hörte einfach nur zu. Wie nah lagen doch Tod und Vergnügen hier zusammen. Eben hatten wir noch ein Festmahl genossen – und jetzt eröffnete sie mir ihre traurige Perspektive.

Ich musste weinen.

„Weißt du, Anne, ich habe mein Leben gelebt. Ich durfte hier im Paradies einen Großteil davon verbringen. Und hier möchte ich auch sterben. Ich habe nicht mal Angst davor. Nur Angst, ein Pflegefall zu werden. Nicht mehr die sein zu können, die ich bin."

Ich bewunderte ihren Mut.

„Ich habe nur einen Wunsch: mit meinen Freunden in den letzten Wochen wunderbare Feste zu feiern. Soweit meine Kräfte es zulassen. Eure Liebe zu spüren. Nicht alleine zu sein."

Eine Palliativ-Betreuung hatte sie bereits organisiert. So kannte ich sie. Trotz aller Lebensfreude hatte Juanita immer alles bestens organisiert. Sie wollte zu Hause sterben. So viel stand fest – und so würde sie es auch „durchziehen".

Wir redeten bis in die Morgenstunden. Und als ich am frühen Morgen in mein Apartment zurückkehrte, war ich unglaublich verzweifelt. Verzweifelt, zusehen zu müssen, wie ein Mensch, den ich in mein Herz geschlossen hatte, von mir ging. Und damit klarkam. Ich dachte noch mal über Voltaires Weisheit nach und beschloss zu allem Trotz, einfach glücklich zu sein. Eine Prise von Juanitas ungebrochenem Willen in mich aufzunehmen.

In den Folgewochen besuchte ich sie täglich. Und wir trotzten dem fiesen Januarwetter, malten Bilder um die Wette und redeten nächtelang, solange es ihre Kräfte zuließen. Wir lachten auch viel, was mich nach dem ersten Schock unglaublich tröstlich stimmte. Oft funkelte die ungestüme Lebensfreude in Juanitas Blick, sie lachte ihr lautes Lachen und war froh, ihre Lebensgeschichte jemandem anvertrauen zu können, der ihr nahestand.

Was mich besonders faszinierte, war, dass Monas feinfühlige Antennen ansprangen. Sie entwickelte in diesen letzten Wochen eine besonders enge Bindung zu Juanita, wich ihr nicht von der Seite, und ich merkte, wie Juanita ihre fürsorglich-hündische Präsenz sehr genoss.

Nach und nach wich das Leben aus Juanitas Körper.

Und während wir zunächst noch spazieren konnten, schob ich sie alsbald im Rollstuhl über die Strandpromenade. Es war tragisch, zu sehen, wie sich ihr Lebensradius verkleinerte. Waren wir im vergangenen Jahr noch über die Berge gewandert und hatten Atlantis bestiegen, so fuhren wir jetzt im Rollstuhl über asphaltierte Straßen. So oft wie möglich chauffierte ich sie zu Es Vedrà. Sie konnte nicht genug bekommen von dem Ort, den sie so sehr liebte.

Und ich bildete mir ein, dass sie nach jedem Besuch dort neue Energie und Lebensmut getankt hatte.

Wir schrieben gemeinsam lange Briefe, schrieben ihr Lieben, ihr Leiden, ihr Leben nieder. Ohne sie je zu versenden.

„Bewahre sie einfach auf. Vielleicht können sie jemandem nützen. Und wenn du einmal traurig bist, lies sie. Ich habe versucht, meine ganze Lebenserfahrung hineinzupacken."

Juanita lachte höhnisch.

Ich war es gewohnt, Dinge ins Lot zu bringen, wenn ich mich nur genug anstrengte. Nur geschickt genug war. Und es war zum Verzweifeln, dass ich sie nicht retten konnte. Und dass alles, was ich für meine liebe Freundin zu bieten hatte, ein paar letzte schöne Stunden waren.

Ich bewunderte Juanita sehr für ihren Mut. Sie wollte die letzten Wochen ihres Lebens in Frieden verbringen. Das war ihr einziger Wunsch. Hätte mich jemand gefragt, wo ich sterben möchte – ich hätte Ibiza gewählt. Und Juanita auch. Hier war ihre Seelenheimat. Und ihren liebsten Orten und Menschen wollte sie getrost Adios sagen.

Es war in diesen Wochen unglaublich schwer für mich, zugleich meine Freundin beim Abschied zu begleiten und für meinen Chef und seine Frau in spe den Eintritt in einen neuen Lebensabschnitt zu organisieren – der womöglich die Wiege für neu entstehendes Leben bieten sollte.

Philippe hatte Verständnis für meine Situation und zeigte sich besonders geduldig. Ich versuchte trotzdem, mein Bestes zu geben. Besuchte potenzielle Fest-Locations (vorzugsweise im Osten der Insel), sprach mit Fotografen über den besten Zeitpunkt für die Hochzeitsfotos (natürlich der Sonnenuntergang) und probierte opulente Torten (weil Anastacia ihre Figur nicht ruinieren wollte). Alles Aktivitäten, die ich vor Juanita verstecken wollte. Aber bei einem ihrer Besuche in meinem Zuhause entdeckte sie die zahllosen Kataloge, Fotos und Angebote, die ich für eine Hochzeit angefragt hatte – nicht aus Passion, sondern weil es eben mein Job war.

Sie lächelte müde.

„Meinst du, ich könnte dich ein wenig bei deinem Vorbereitungsstress unterstützen?“

Ich schluckte und wollte vor Scham im Erdboden versinken.

Nun hatte ich ihr beizustehen und war nicht mal imstande, die Hochzeitshektik vor meiner Freundin, die diese Trauung vermutlich nicht miterleben würde, zu verbergen.

„Juanita, es tut mir so leid ...“, druckste ich verlegen.

„Nein, im Ernst. Ich würde dir gerne helfen. Auch wenn es bei mir selbst nicht funktioniert hat – so eine Hochzeit ist wahnsinnig lebensbejahend, und ich wäre glücklich, ein Zeichen für dieses Fest zu setzen!“ Sie wirkte unglaublich entschlossen, und ich wollte ihre Bitte nicht abschlagen.

„Oder zweifelst du an meinem Organisationstalent?“, fügte sie lachend hinzu.

„Nein, meine Liebe. Es ist nur, dass ich glaube, dass du Wichtigeres zu tun hast.“

Sie blickte zu Mona und streichelte ihr mit einem langen Seufzen über den Rücken. „Was könnte wichtiger sein, als zu leben, als einen Sinn in seinem Tun zu sehen, als sich einzubringen?"

„Wenn du dir das wünschst – herzlich willkommen im Orga-Team ..., das bislang nur aus mir besteht. Die Braut ziert sich etwas ..." Wir mussten beide lauthals lachen.

* * *

Als der Januar sich dem Ende neigte, endlich, wurde ich in meiner Frühjahrsvorfreude bestärkt. Es war die Zeit der Mandelblüte. Und die wilde, schöne Insel zeigte sich nach dem rauen Winter von ihrer sanften Seite. Viele Täler waren in Weiß und Rosé getaucht.

Beinahe so, als hätte sich die Ibiza hochzeitsfein gemacht. Juanita liebte diese Wochen, und ich fuhr sie zu den schönsten Plätzen. Wir saßen still nebeneinander und schauten in die Täler hinab. Manchmal weinte sie. Öfter lachte sie. Sie nahm im Stillen Abschied. Aber das musste nicht ausgesprochen werden. Eines Abends lud sie mich und Mona ein, sie nach Santa Inés zu begleiten. Es war Vollmond.

„Du wirst stauen. Das übertrifft alles, was du bisher gesehen hast!", sagte sie voller Vorfreude.

Im Plà des Coron vermählten sich in dieser Nacht die Blüten der Mandelbäume mit dem Mondlicht. Es war ein merkwürdiges Naturschauspiel. Wir verbrachten gut zwei Stunden schweigend, gehend, sitzend, staunend.

Ich wollte nicht fotografieren. Ich wollte diesen einzigartigen Moment für immer in meinem Herzen verschließen.

Nur meinem Schatz schickte ich eine SMS, sendete ein mehr oder weniger geglücktes Bild mit – ich wollte ihn teilhaben lassen an dem Faszinosum.

Auch wenn zu dieser Zeit einige Touristen auf die Insel kamen – es waren andere Charaktere als diejenigen, die im Sommer über Ibizas Reize staunten. Sie waren leise, naturverbunden und – hach – ein wenig romantisch angehaucht. So wie ich in dieser Nacht.

* * *

Der „flor de almendras“, die Mandelblüte, läutete bei allen Einheimischen eine Art Auferstehung ein. Abends knisterten nicht mehr so oft ihre Holzöfen, und das Leben verlagerte sich wieder mehr auf die Terrassen – zu Hause, aber auch in den Cafés und Restaurants.

Man besprach Renovierungspläne, suchte Handwerker für Ausbesserungsarbeiten und schmiedete an ausgefeilten Angeboten für die kommende Saison.

Aber von der Sommerhektik, die ich kennengelernt hatte, war noch keine Spur. Nur im Hause Funk brach langsam die Hektik aus, weil das Hochzeitsdatum im März immer näher rückte.

Ich hatte mich inzwischen mit einem der vielen Eventplaner auf der Insel geeinigt, dass wir gemeinsam ein exzellentes Aufgebot bereiten würden. Lange Skype-Abende mit Philippe dienten zur Absprache der wichtigsten Eckpunkte.

Die Location stand ebenfalls fest: Wir wollten eine Bootstour nach Tagomago organisieren, einer winzigen Insel im Osten vor Ibiza, die uns einen ungestörten Liebestaumel garantieren sollte. Die Trauung sollte in Es Cubells stattfinden – mit spektakulärem Blick über die Klippen bis nach Formentera.

Rein symbolisch also der perfekte Ort, um den schlagkräftigen Beginn der Romanze auf Formentera im Auge zu haben. Und für alle Gäste, die nicht in die Geheimnisse der Anfänge zwischen Philippe und Anastacia eingeweiht waren – einfach nur ein atemberaubender, weiß getünchter Ort für eine Trauung comme il faut.

# *Februar*

Noch volle zwei Monate blieben mir auf Ibiza, und ich musste so langsam, aber sicher an die Post-Paradies-Phase denken. Wollte ich in meinen Journalistenjob zurück? Ich war in meiner Auszeit auf Ibiza nur noch neugieriger auf die Menschen geworden, liebte es, jeden Tag Neues zu entdecken, und hoffte, mit dem, was ich berichtete, etwas bewirken zu können. Meine Passion Schreiben war ungebrochen.

Aber sollte es nicht etwas konkreter sein? Wollte ich nicht wirklich etwas schaffen? So wie Elisa mit ihren Yoga-Schülern, Juanita mit ihren Gästen und Christiane mit ihren Hunden und deren neuen Familien?

Und ob ich das wollte! Warum also nicht in die Politik gehen? Ich hatte Politik studiert. Das half mir beim Verständnis und bei der Berichterstattung. Aber ich hatte das politische Tagesgeschäft immer aus der Ferne beobachtet – mit ausreichender Skepsis. Und Bürokratie war mir ein Graus. Mit meinen Erfahrungen auf Ibiza hatte sich das nicht gewandelt. Bürokratie bedeutete hier immer eine unsanfte Grenze für die Vida Loca, die ich mir erträumt hatte.

Ich träumte keineswegs von Anarchie – aber von einer Politik, die hippiesk angehaucht war. Und wurde jäh enttäuscht. Aber konnte Politik nicht noch mehr? Menschen zusammenbringen, Grenzen niederreißen? Konnte man nicht auch hier voneinander lernen – von verschiedenen kulturellen Einflüssen profitieren?

Ich wusste mit einem Male, als ich so verträumt durch die Dalt Vila zum Hafen spazierte, dass meine Post-Ibiza-Phase gar nicht so verdrängungswürdig sein musste. Ich konnte mit meinen Erfahrungen im kulturellen Wirrwarr durchaus etwas zum großen Ganzen beitragen. Europa hieß die Lösung – so wie die schicke Yacht, die gerade im Hafen anlegte.

Noch am selben Abend nahm ich Kontakt mit der Heimat auf – mit meinen Bekannten, die irgendwie irgendwo etwas mit Europa zu tun hatten. Und das sind im Saarland verdammt viele Menschen. Denn eines war klar: Auch wenn ich mein neues Zuhause im Mittelmeer liebte, meine Heimat war und blieb das kleine, quirlige Land im Südwesten Deutschlands, das seit jeher mit Grenzen und deren Überschreitung befasst war. Nicht zuletzt, weil meine große Liebe dort ihr Zuhause hatte.

Ich freute mich sehr, dass Patrick seinen Besuch für März angekündigt hatte. Wir wollten gemeinsam die Hochzeit von Philippe und Anastacia feiern – um dann von einem Jahr Ibiza Abschied zu nehmen. Ich war froh, dass ich nicht alleine im Flugzeug meine „Ibiza-Adios-Tränen" vergießen musste, sondern meinen Mann an meiner Seite hatte, der mir den Abschied vermutlich mit einer starken Schulter und wunderbaren Aussichten im Saarland versüßen würde.

* * *

Aber zuvor hatte ich noch allerhand zu erledigen. Sprich: Ich wurde gebraucht. Und das war ein gutes Gefühl. In den vergangenen Wochen hatte ich Topo, mein Hunde-Findelkind, regelmäßig besucht, es gemeinsam mit Mona ausgeführt, und ich konnte zusehen, wie Christianes Päppelkur Wunder wirkte. Aus dem verhungerten Welpen-Mädchen wurde eine stolze junge Hundedame, die sich bestens in die Gesellschaft der anderen Duo-Land-Bewohner integriert hatte. Sie fand sich trotz ihrer Blindheit hervorragend auf dem Gelände zurecht und vertraute mir, wenn wir gemeinsam Gassi gingen.

Aber alle Vermittlungsversuche waren bislang erfolglos geblieben. Einige Interessenten hatten sofort abgeblockt, als Christiane ihnen klarmachte, einen Hund mit Handicap zu betreuen. Einige waren sogar extra angereist, hatten Ibiza-Urlaub mit Hundesuche verknüpft. Aber eine Hunde-Adoption hat etwas von einem Blind Date. Allein über ein Foto im Internet kann niemand beschließen, den oder die Richtige fürs Leben gefunden zu haben.

Von Gleichberechtigung ganz zu schweigen. Denn immerhin hat auch der Hund ein gewisses Wahlrecht, wo er bis zum friedvollen Ende seiner Tage leben möchte. Das Duo-Team übernimmt diese verantwortungsvolle Aufgabe – führt Vorgespräche mit den Adoptionsinteressenten, lotet aus, ob Hund und Herrchen zusammenpassen, und organisiert gemeinsam mit befreundeten Tierschutzvereinen einen Vorbesuch im neuen Zuhause der Schützlinge.

Sind die Umstände hundegerecht, gibt Duo grünes Licht, und dem Einzug des neuen Familienmitgliedes steht nichts mehr im Wege. Ich selbst hatte diese spannende Prozedur für meinen Inselhund Mona durchlebt, und die erste Nacht, die sie bei mir im neuen Zuhause verbrachte, war schlaflos.

Ich erinnere mich, dass ich nicht aufhören konnte, das Hundebaby anzuschmachten. Über Nacht war ich Mama geworden. Ganz ohne Wassereinlagerungen, Schwangerschaftsübelkeit und Windelkauf. Und ich wünschte mir so sehr für Topo, dass sie ebenso liebevolle Eltern finden würde.

Meine Facebook-Postings zu Topo blieben ohne Erfolg – zwar hatten sich einige Bekannte erbarmt, Topos Geschichte und Bilder zu teilen und „Ach, wie süß" darunter zu schreiben. Aber einen Hund mit Handicap wollte dann offenbar doch niemand. Bis an diesem Februartag mein Handy klingelte und Paul dran war.

Wer verdammt war Paul?

„Hello, Ibiza-Funky speaking?", flötete eine Männerstimme.

„Ähm, ja, Anne hier. Mit wem spreche ich?"

„Paul hier. Deine Freundin Nadine hat uns berichtet, dass du ein süßes Hundekind aus Ibiza abzugeben hast."

„Richtig. Und du bist interessiert?"

„Ja, genauer gesagt wir. Mein Liebster, Peter, und ich, wir wünschen uns ein Hundekind. Du verstehst, rein biologisch ist es nicht möglich, dass wir eins ohne Haare bekommen ..."

„Verstehe!" Ich musste grinsen.

„Wir machen jedes Jahr auf Ibiza Urlaub. Und nächste Woche könnten wir vorbeikommen, um die Kleine kennenzulernen."

Ich freute mich, Paul klang echt sympathisch, und auf mein bohrendes Fragen, ob sie mit einem Handicap-Hund zurechtkämen, gab er zufriedenstellende Antworten.

Wir verabredeten uns bei Christiane, die ich gleich über das sympathische Pärchen aus Köln informierte.

Christiane lachte: „Ältere Homo-Paare sind mir die liebsten Adoptionseltern. Die Erfahrung zeigt, dass sich niemand so hingebungsvoll kümmert wie sie!"

Eine Woche später standen Peter und Paul auf der Matte. Es hatte regelrecht gefunkt. Nicht nur hatten sie Topo ins Herz geschlossen – auch sie schien das Pärchen zu lieben. Kam auf Zuruf, ließ sich unter unserer Anleitung brav ausführen und schenkte den beiden Vertrauen.

Man war sich einig. Und als auch der Hausbesuch in Peters und Pauls Stadtwohnung mit Garten ohne Beanstandungen verlief, stand Topos Adoption nichts mehr im Wege. Ich bekam sogar ihre Adresse und die herzliche Einladung, Topo regelmäßig zu besuchen. Unter einer Bedingung: dass Mona mitkam, mit der sich der Welpe herzlich angefreundet hatte.

Paul ließ es sich nicht mal nehmen, Topo persönlich in Ibiza abzuholen, und er half uns damit sehr. Denn alle Duo-Hunde auf der Reise in ein neues Zuhause brauchen einen Flugpaten, damit sie ausreisen können. Im Sommer war das weniger ein Problem. Aber in den Wintermonaten waren Flugpaten mangels Touristen auf der Insel ein rares Gut.

Christiane, Mona und ich brachten Paul und seine Topo noch an den Flughafen und verabschiedeten uns überschwänglich. Ich muss sagen, dass die Aussicht, Topo jederzeit besuchen zu können, mir den Abschied leichter machte. Und auch Christiane war froh, weiter regelmäßig von der quirligen Maus zu hören.

* * *

Sooft ich konnte, besuchte ich in dieser Zeit Juanita. Nach und nach nahmen wir gemeinsam Abschied von den schönsten Orten der Insel. Ich spürte, wie die Kraft aus ihrem lebendigen Wesen wich. Sie wollte nicht kämpfen. Sie hatte auch nicht resigniert. Aber sie wusste, dass es Zeit war, in Frieden und in Liebe zu gehen. Die Ärzte hatten sie aufgegeben. Sie sich nicht. Aber Juanita wollte in Würde gehen.

Und ich musste das akzeptieren. Alles, was mir blieb, war, sie zu ihren Kraftorten zu begleiten und still an ihrer Seite zu sein. Als wir ihre liebsten Orte gesehen hatten, ging es rapide bergab. Sie konnte das Bett nicht mehr verlassen, aber ihre Familie kam, um Abschied zu nehmen.

Das Paradies war endlich.

Es war an einem frühlingshaften Februartag. Ich wusste Juanita in der Obhut ihrer Verwandten und wollte an diesem Tag aufholen, was ich bei der Hochzeitsvorbereitung versäumt hatte. Ortstermin in der Kapelle von Es Cubells. Als ich die Kirche verließ, verschlug es mir den Atem. Ich machte mit Mona einen Abstecher zu Es Vedrà.

Es zogen plötzlich düstere Wolken auf, der Wind wurde stärker, und Mona zog an der Leine. Sie wollte nach Hause. Ich spürte, dass etwas Schlimmes passiert war.

Zu Hause angekommen, hörte ich meinen Anrufbeantworter ab.

Juanitas Nichte war darauf zu hören. Mit tränenerstickter Stimme. Juanita war erlöst. Friedlich eingeschlafen. Im Kreise ihrer Lieben. Ich machte mir Vorwürfe, dass ich in diesem Moment nicht bei ihr sein konnte, erinnerte mich aber an ihre lieben, dankenden Worte bei unserer Abschiedstournee. Sie war so froh gewesen, dabei nicht alleine zu sein.

Noch eine zweite Nachricht war auf dem AB – Philippe, der seinen Hochzeitsrapport erwartete. Ich rief in Paris an und erklärte ihm, was passiert war. Zum Glück hatte er Verständnis. Ich glaubte sogar, ein Schniefen am anderen Ende der Leitung vernommen zu haben.

Er stellte mich frei für diesen Tag, und ich fuhr ans Meer. Ich wollte nicht mehr Juanita besuchen. Wusste ich doch ohnehin, dass sie nicht mehr in ihrem toten Körper wohnte, sondern ihre Seele längst aufgebrochen war.

Drei Tage später beerdigten wir unsere liebe Freundin. Sie war mir in diesem Jahr sehr ans Herz gewachsen, und der Schmerz, sie loszulassen, war unglaublich. Am Tag ihrer Beerdigung verwöhnte uns die Sonne besonders. Es wäre in ihrem Sinne gewesen. Sie wollte keinen dramatischen Trauermarsch. Sie wollte ein Volksfest zu ihren Ehren.

Juanita hatte sich eine Seebestattung gewünscht. Sie wollte in ihrem Element sein – für die Ewigkeit. Nach der Bestattung – auch das hatte sie uns vor ihrem nahenden Tod erzählt – sollten wir gemeinsam ein rauschendes Fest in „ihrem“ Restaurant feiern. Gesagt, getan.

Es kamen über hundert Leute – die Nachricht ihres Todes hatte sich wie ein Lauffeuer über die Insel verbreitet. Und es kamen viele ihrer Hippie-Freunde, deren Kinder und Enkel, aber auch Stammgäste waren da.

Es gab Juanitas berühmte Aioli. Dafür war ich zuständig. Sie hatte mir ihr streng geheimes Rezept einige Tage vor ihrem Tod anvertraut – mit der Bitte, es zu hüten. Was für ein originelles Erbe – genau wie die Person, die es mir hinterlassen hatte.

Statt schwarzer Kleidung waren alle zum weißen Gewand verdonnert worden. So stand es in ihrer Todesanzeige. Und niemand zögerte, genau wie zu Juanitas Lebzeiten, ihrem eisernen Willen nachzukommen. Bis in die Morgenstunden feierten wir. Betrachteten Juanitas Bilder, und die Juans sangen ihre alten Lieder zur Gitarre. Allen spendete die Zusammenkunft zu Juanitas Ehren unglaublichen Trost. Wir wussten, dass sie als ein Teil Ibizas, als heimliche Legende, in unseren Herzen fortleben würde. Und das wäre mit Sicherheit ihr größtes Lebensziel gewesen.

* * *

Bereits am nächsten Tag musste ich mich wieder den ganz und gar irdischen Dingen zuwenden. Philippes Gnade war begrenzt, das wusste ich. Und seine Hochzeitsinszenierung beinahe noch bedeutender als die Frau an seiner Seite.

Deshalb wunderte es mich kaum, dass er mich inzwischen auch als Managerin benutzte und erste Anfragen der Pariser Presse zur bevorstehenden Hochzeit eintrafen. Als Anastacia davon Wind bekam, war sie hin und weg. Bloß keine Geheimnisse.

Presse war zu allen Gelegenheiten willkommen – sogar bei den heimlichen Vorbereitungen der Braut. So viel Indiskretion fand ich seltsam – aber sie überraschte mich nicht wirklich.

Dummerweise kam Anastacia nun aber auf die Idee, auch die inselheimische Presse einzuladen – was allerdings auf wenig Interesse stieß, zu meiner Erleichterung. Noch eine Horde Journalisten in Schach zu halten, während der Hochzeitstumult in vollem Gange war, überstieg meine Kapazitäten.

Aber unglücklicherweise meinte die Braut so wenige Wochen vor dem schönsten Tag ihres Lebens, einen dringenden Besuch bei ihrer Schamanin zu benötigen. Während sie sich mit ihrem Karma beschäftigte, arbeitete ich die Orga-Liste ab. Während sie Yoga übte, packte mich der Stress. Bis mich die Heilerin eines Tages wortlos, aber mitleidig ansah und fragte, ob ich angesichts der Trauung aufgeregter sei als die Braut selbst.

Ich schaute genervt, aber ebenso wortlos zurück. Wir verstanden uns ohne Geistheilung.

* * *

Die Tage rasten, ich auch. Und ich wäre prinzipiell auch gut damit zurechtgekommen, hätte mich Anastacia nicht mit ihrer vorehelichen Hysterie gequält.

Glaubst du an die ewige Liebe?

Hat er nicht doch eine andere in Paris?

Wie sollen wir das Leben zwischen zwei Welten meistern?

Was, wenn ich unfruchtbar bin?

Und: Passt mein Kleid noch am Hochzeitstag? Ich habe heute ein Eis gegessen.

Es war unglaublich. Wo war das Selbstbewusstsein dieser Frau?

Hatte ich doch immer geglaubt, dass Ibizas Frauen die Würde schon mit der Muttermilch einsogen. Ich hatte es wirklich bei fast allen Frauen beobachtet, die entweder hier aufgewachsen waren oder lange Zeit hier lebten. Es waren durchweg starke Frauen.

Ich hatte zwei Theorien – eine lernbasierte und eine esoterische.

1. Die Erfahrungstheorie:
Als Frau, die auf Ibiza aufwächst, wird man in eine vermeintlich männerdominierte Gesellschaft geboren. Dass eigentlich die starke Frau hinter dem Macho-Mann steht, wird stillschweigend hingenommen.

Das lehrt die Frau wiederum eine gewisse Gelassenheit. Sie managt im Hintergrund und hat trotzdem ihren Spaß. Schließlich ist sie zwischenzeitlich mit Sonne, Meer und unglaublich schönen Menschen in Kontakt. Und dann ist da noch die harte Arbeit im Vida-Loca-Land.

Ich kenne Frauen, die seit dreißig Jahren auf Ibiza leben, in ihrer Sturm- und Drang-Zeit kamen, die mit der Sturm- und Drang-Zeit der wilden Siebziger zusammenfiel, und erst mal staunten. Sie entdeckten neben freier Liebe und Drogen auch einen unglaublichen Überlebenswillen – denn auch auf Ibiza existieren Liebeskummer und Existenzängste.

Viele versuchten sich als Gürtelverkäuferinnen am Strand, andere knüpften Armbänder auf Hippiemärkten. Sie wussten manchmal nicht, wo sie nächtigen sollten, fanden Zuflucht in Hippiecamps, hatten Hunger und sahen den Luxus des aufkommenden Jetsets.

Manche verfielen ihm als Muse. Manche widerstanden ihm und wurden stark und erkannten, dass Unabhängigkeit auch Entbehrung heißt. Und das machte sie stark. Ließ sie gelassen über Alltagssorgen lächeln, die unsere Generation in Internetforen diskutiert.

Im richtigen Moment die Klappe halten, in anderen Momenten mutig Konsequenzen ziehen, nach vorne schauen und immer mal wieder vom süßen leichten Leben kosten. Diese Frauen hatten ihre Balance gefunden.

2. Die Tanit-Theorie – zugegeben, leicht esoterisch angehaucht:

Tanit ist, wie bereits gesagt, die karthagische Liebesgöttin und Schutzpatronin der Insel. Die Insel ist überzogen von Kultstätten für die Göttin, deren Darstellung ich ehrlich gesagt immer etwas martialisch empfand. Ein Wikipedia-Eintrag zu Tanit brachte mich auf die Spur. Sie galt als Jungfrau und zugleich als Mutter des Baal – quasi der Chefgott des Altertums.

Der Tanit-Kult war bei vielen Frauen auf der Insel bis heute präsent. Kein Wunder, wenn eine Frau Jungfrau und Mutter zugleich ist. Und von beidem konnte ich auch etwas in den meisten Frauen hier entdecken – ein wenig Mädchen, ein wenig Mama. Die Mischung macht's. Viele Frauen auf der Insel glauben jedenfalls daran, von Tanit beschützt zu sein und so das männliche Unheil (Machtstreben, Geltungsdrang und dreckige Socken) im Griff zu haben. Ich fand sogar bei näherer Betrachtung, sie hatte etwas ähnlich heroisch Edles wie die französische Marianne.

Manche Frauen trugen Tanit im Amulett, wieder andere benannten ihre Jeansmarke oder eine Autovermietung danach. Auch ich spürte in meiner Ibiza-Zeit ein wenig Tanit in mir aufsteigen. Merkwürdig eigentlich, dass der Tanit-Kult an den Feministinnen anscheinend spurlos vorbeigegangen war.

# März

Der Countdown lief. Die Flüge waren gebucht. Aber zunächst war noch ein anderer Abstecher fällig. Ich wollte mir ein genaueres Bild von der Hochzeits-Location machen – auch wenn der Partyservice prahlte, alles im Griff zu haben. Tagomago kannte ich bislang nur aus der Ferne und gerüchteweise von ausufernden Partys reicher Araber oder Russen. Na, und natürlich von der Hochzeitsfeier der Moderatorin Sabine Christiansen auf Tagomago. „Wie ein Schmetterling auf einem blauen Samtpolster" liegt die Insel im Meer. So zumindest schrieb die „Bunte" damals, und sie hatte recht.

Wüsste man nichts von den wüsten Festen auf dem Mini-Eiland, man hätte es gut und gerne als Hommage an die unberührte Natur gesehen. Bei genauerem Hinsehen findet man außer einer Villa, spärlicher Fauna und Flora ... Felsen, Felsen und nochmals Felsen. Und obwohl „karg" wohl das treffendste Attribut für das verlorene Plätzchen war, berichtet die Legende von sporadischer Besiedlung seit dem 8. Jahrhundert vor Christus. Zwischenzeitlich wechselte Tagomago seine Bewohner recht häufig: Piraten, Kriegsflüchtlinge, Fürsten und ein Sex-Guru sollen hier zu Hause gewesen sein.

In Begleitung des Partyservice setzten wir also über zum Eiland der Liebe. Und ich war zufrieden. Der Chef fuchtelte mit Plänen umher und erklärte mir, wie er die

Villa in ein Liebesschloss verwandeln wollte. Klang plausibel. Und mangels Alternative vertraute ich ihm.

***

Seit vierzig Jahren war der Brite auf der Insel. Er hatte sicher die eine oder andere Fete auf Tagomago gefeiert. Vielleicht sogar Bekanntschaft mit dem Sex-Guru gemacht. Seine Freundin – eine hübsche Zwanzigjährige – hatte gerade ihr Abi gemacht und war „Guest-Relation-Managerin" und legte sich dafür mit vollem Körpereinsatz ins Zeug. Was bei mir zweifelsohne unangebracht war, aber bei dem einen oder anderen älteren männlichen Partyhelden, der das karge Tagomago erobern wollte, offenbar vielversprechend wirkte.

Da war er wieder – der herrliche ibizenkische Kontrast zwischen zu wenig (Infrastruktur, Sandstrand, Menschen auf Tagomago) und zu viel (Geld, Schminke und schlechtem Geschmack). Ich war mir aber ziemlich sicher, dass das „Zuviel" am Hochzeitstag das „Zuwenig" ganz nach dem neureichen Geschmack des Brautpaars übertünchen würde und also gut war.

Ich suchte Elisa und Kalle auf, die ich in der Hektik der letzten Wochen sträflich vernachlässigt hatte. Was aber offenbar nicht weiter aufgefallen war. Sie schwebten auf ihrer Wolke aus ibizenkischer Betriebsamkeit und waren mitten in den Vorbereitungen für die neue Saison.

Der Yogatempel musste renoviert, das Rohkostseminar geplant und die Webseite überarbeitet werden. Elisa und Kalle waren nicht die Sorte von Menschen, die unangenehme Dinge aufschieben. Sie taten, was zu tun war, und waren recht zufrieden damit. Sie feierten auch Feste, die zu feiern waren – ohne schlechtes Gewissen.

Mein spontaner Besuch aber war offenbar Grund genug, Webseite, Seminar und Tempel zu vertagen. Wir kochten gemeinsam, so wie zu Beginn meiner Entdeckungsreise. Nahmen auf der Terrasse Platz und ließen den lieben Gott einen guten Mann sein.

Ich blickte zurück – auf meine Ibiza-Anfänge. Und wagte eine erste Bilanz mit meinen Freunden:

Ich hatte viele Klischees über Bord geworfen:

1. Klar, Ibiza ist eine Urlaubsinsel – für die Touristen. Für alle, die länger hier leben, ein Paradies, das manchmal verdammt anstrengend sein kann.
2. Ibiza im Winter. Laaangweilig! Falsch! Dann rückt man zusammen, genießt die Abende am Kamin mit Familien und Freunden.
3. Ibiza ist teuer – halb richtig. Natürlich gibt es entsprechende Restaurants, Hotels und Boutiquen, die den Jetset anlocken und den Promi-Status der Insel aufrechterhalten. Aber was geht, bitteschön, über eine einfache ländliche Unterkunft und ein Picknick mit Pan, Aioli und Landwein am Strand?
4. Ibiza, die Pornoinsel – ja, doch, es werden ein paar Filmchen hier gedreht – angeblich des tollen Lichts wegen. Hochgeschnallte Brüste sieht man auch an der Hafenpromenade oder ganz unappetitlich in einigen teuren Restaurants. Der echte sexy Charme der Insel speist sich aber aus der Mischung natürlicher Schönheit, Lebenslust und spiritueller Aura, die sie ihren Bewohnern und Gästen verleiht.

So weit meine erste vorsichtige Bilanz zur Lebensart. Aber ich mochte eigentlich noch nicht an den nahenden Abschied denken. Trotzdem wurde mir bewusst, dass ich selbst in diesem Jahr eine andere geworden war.

Irgendwie gelassener, spontaner, weniger durchgetaktet und abgehetzt. Ich habe neue Freunde gewonnen und schmerzlich Abschied genommen. Mit vielen würde ich in Kontakt bleiben wollen, und es würden bei einigen Versprechen bleiben, weil mich der deutsche Alltag einholen würde. Trotz Social Media – räumliche Nähe ist nicht zu ersetzen. Auch wenn man uns vorgaukelt, die Welt wäre näher zusammengerückt. Sind es die Menschen dadurch auch?

Ich würde auch meinen Tagesrhythmus hier vermissen, musste ich mich doch in Deutschland wieder an andere Arbeitszeiten gewöhnen. Und trotzdem wollte ich so viel wie möglich von Ibiza auf das Festland retten. Etwa die ausgedehnten Spaziergänge mit Mona – auch ohne Meerblick. Ich war in der Tat in diesem Jahr ein Stück näher an die Natur gerückt. Achtete mehr auf das, was ich zu mir nahm, und war insgesamt mehr in Bewegung – nicht nur geistig, weil ich in einem „fremden" Land war; auch körperlich. Was mir die Waage mit fünf verlorenen, diätfreien Kilos dankte. Und letztlich war ich ein Stück erwachsen geworden, raus aus der saarländischen Idylle, rein in ein Paradies, das manchmal sehr grausam sein konnte. Das war wohl das echte Leben.

* * *

Aber zunächst musste ich mit Anastacia durch die Hochzeitshölle. Die Ärmste wurde zunehmend nervöser. Die

Geistheilerin brachte keine Resultate, auch Yoga nicht, und selbst ihre Bachblüten versagten. Sie versuchte es mit Wodka am Vorabend der Hochzeit, was ebenfalls wenig Erfolg versprechend war. Aber ich konnte sie leider nicht abhalten. Ich saß mit meinem Yogi-Tee daneben und hielt ihre Hand. Dass Patrick bereits in meinem, Pardon, ihrem Apartment seit Stunden auf mich wartete, störte sie keineswegs.

Tausendmal mussten wir die Szene durchspielen, wenn sie „Si" sagt. Ich mimte Philippe mehr oder weniger erfolgreich. Ihr „Si" wurde zunehmend zum „Schi" – was ja, wenn man es so deuten wollte, auch entfernt was mit „Qi" der östlichen Urenergie zu tun hatte. Ein gutes Omen, hätte sie etwas davon verstanden.

Ihre Eltern wollte sie nicht sehen, weil die Mutter mit einem Nervenzusammenbruch im Luxushotel lag und ihre Ruhe vor der Hochzeit ihrer einzigen Tochter brauchte.

Und das Beste war: Philippe war nicht mal angereist. Ein heftiger Frühjahrssturm hatte seinen Start in Paris verhindert. Aber er versicherte ihr am Telefon, alles dafür zu tun, um rechtzeitig bei seiner Geliebten zu sein. Ausgesprochen romantisch!

Ich hatte fettiges Pollo geordert und versuchte, Anastacia damit zu füttern – immer wieder versichernd, dass das Fett nicht bis morgen auf ihren Hüften landen, sondern höchstens schlimmere Wodka-Pannen verhindern würde. Aber Anastacia interessierte sich nicht im Geringsten für antialkoholische Kalorien, sondern verfütterte ein Hühnerbeinchen an Mona, die brav wie nie neben ihr saß.

Als ich bemerkte, was im Gange war, konnte ich nicht laut genug aufschreien, konnte gerade noch sehen, wie

Mona das Hühnerbeinchen runterschlang. Ich hechtete zu ihr, verfluchte die Braut und kramte in Monas Maul nach dem Knochen, den sie aber längst mit einem lauten Schmatzen verzehrt hatte.

Ich hatte Horrorstorys im Kopf von toten Hunden, am Knochen erstickt, den Magen aufgerissen. Mona störte das überhaupt nicht. Sie ließ sich zufrieden zu Boden plumpsen.

Ich musste mit ihr in die Tierklinik, konnte die betrunkene Braut aber nicht alleine lassen. Also rief ich Patrick an, der glücklicherweise perfekt Spanisch sprach, um im schlimmsten Fall auch eine OP anzuzetteln.

Zwei Stunden später bekam ich den ersehnten Anruf von ihm aus der Tierklinik. Ich war auf das Schlimmste gefasst.

Aber er fragte nur: „Hast du Sauerkraut im Haus?"

Ich zuckte zusammen. Was sollte diese dämliche Frage um alles in der Welt?

„Ganz einfach. Es gibt einen Trick, wie wir den Knochen aus Monas Bauch bekommen. Sie muss Sauerkraut fressen. Das wickelt sich um das Knochenstück und das müsste so rausflutschen. Der Arzt hat es mit dem Ultraschall abgeklärt. Das Stück ist klein genug. Und so schaffen wir es ohne OP. Als er meinen deutschen Sauerkraut-Akzent hörte, gab er mir den Tipp."

Ich war baff. Aber: Woher sollte man auf dieser Insel Sauerkraut bekommen?

Da fiel's mir ein. Eine Freundin aus Saarbrücken hatte mir neulich ein Survival-Package für Deutsche geschickt. Mit Schwarzbrot, Würsten und eben auch Sauerkraut. Allesamt Dinge, die ich nicht gebrauchen konnte. Aber nun umso mehr schätzte.

Mona verschlang das importierte deutsche Kulturgut im Nu. Noch nie war ich so glücklich, dass sie mit so viel Hingabe fraß.

Am nächsten Morgen – dem Hochzeitstag – waren dann alle beruhigt. Patrick und ich, weil das Sauerkraut seinen Dienst getan hatte, Philippe, weil er bei seiner Liebsten sein konnte, und Anastacia, weil sie einen positiven, Wodka-schweren Hochzeitstraum hatte und nun endlich überzeugt war, dass nichts mehr schiefgehen konnte.

Ich musste mich um die acht Trauzeugen kümmern, die teilweise zur falschen Kapelle abgebogen waren. Vorsichtshalber war ich mit Headset unterwegs, was sich an diesem Tag wirklich bewährte.

Trotz aller Hektik: Ibiza zeigte sich at its best. So, als wüsste die Insel, dass sie dem Paar vor dem Traualtar in den vergangenen Monaten schon genug Scherereien bereitet hätte.

Anastacia war beim Heraustreten aus der Kirche so entspannt, blickte vom Hügel hinaus in die Ferne und sah zum ersten Mal wirklich überglücklich aus, sodass sie nicht einmal merkte, wie eines der kleinen Blumenmädchen stolperte und dabei versehentlich ihre Schleppe zerriss. Auch nicht, dass es einen Zaungast gab: Dave war zur Trauung erschienen. Als ich ihn erblickte, wusste ich, warum ich Bodyguards bestellt hatte. Das Brautpaar nahm ihn nicht wahr. Er verhielt sich ruhig. So ganz entgegen seinem Naturell.

Als er meinen skeptischen Blick bemerkte, zwinkerte er mir zu, drehte sich um und ging. Ich muss mich getäuscht haben, als ich sah, wie er ein Taschentuch zückte.

Aber die nächste Herausforderung stand noch bevor: Die Gäste sollten in kleinen Booten nach Tagomago befördert werden. Einer der Cousins von Philippe ließ es sich nicht nehmen, ein Stück nebenherzuschwimmen. Die üppige Sonne hatte das Pariser Stadtpflänzchen offenbar völlig fertig gemacht. Aber solange die Eskapaden freiwillig waren, sollte mir das recht sein. Ein wenig Verrücktsein gehört schließlich zur weißen Insel dazu wie die Salamander.

Es war eine Bilderbuchhochzeit – eine wie das Paar und die Hochzeitsgesellschaft. Ein bunter, anmutiger Mix aus unterschiedlichen Kulturen. Sogar einen deutschen Brauch hatte Anastacia zu meinen Ehren in die Zeremonie aufgenommen. Sie bestand darauf, den Brautstrauß zu werfen und nicht, wie in Spanien üblich, einer Ausgewählten in die Hand zu drücken.

Sie warf den Brautstrauß. Ich wollte flüchten. Aber in letzter Sekunde fing ich ihn – mal wieder.

* * *

Der Abschied von Ibiza war da. Er begann mit diesem rauschenden Fest. Ich musste daran denken, wie ich mit Juanita von all ihren Lieblingsorten Abschied genommen hatte. Mein Abschied war keiner für immer. Aber ich wusste, ich würde als Touristin wiederkommen. Musste mir ein neues Zuhause aufbauen in meiner alten Heimat.

Ich wusste: Patrick, mein neuer Job, meine Familie und meine Freunde würden mir dabei helfen. Ich brauche immer eine Mission. Und davon hatte ich in den kommenden Monaten genug. Ich würde zu Patrick nach Frankreich ziehen, bis wir eine neue gemeinsame Bleibe gefunden hatten.

Aber würde das funktionieren? Von einer Fernbeziehung den Sprung ins Dauerglück zu zweit zu wagen?

Vom Inselleben rein in den geregelten Berufsalltag? War ich noch kompatibel?

Ich verwarf die Sorgen beim Anblick der Vedrà, von der ich mich zuletzt verabschieden wollte. Das Legendenmonster, das jetzt bei Sonnenschein so friedlich im Wasser lag.

Auf dem Weg zum Flughafen tat ich, was ich immer schon zuvor beim kurzen Abschied von Ibiza getan hatte. Ich weinte. Aber es waren keine Tränen der Traurigkeit. Wer weint, sieht vieles manchmal klarer. Und ich wusste nur allzu gut, dass nicht immer alles eitel Sonnenschein in diesem Jahr gewesen war.

Mona war auf den Flug vorbereitet und machte keine Anstalten. Ohne es zu wissen, glaubte ich, dass auch sie im Stillen Abschied nehmen würde. Auch ihr Leben würde sich fortan ändern. Die Strände allerdings würde sie als wasserscheues Wesen vermutlich nicht allzu sehr vermissen.

Vielmehr die Freunde – menschliche und tierische –, die auch sie in unserem Jahr auf Ibiza gefunden hatte.

Ich hatte trotz Wehmut nicht das Bedürfnis, hierzubleiben. Ich wusste, dass Ibiza für mich nur in gemäßigten Dosen verträglich war. Hier mal ein Urlaub, da mal ein ausgedehnter Kurztrip. Das Kapitel Auswandern aber war abgeschlossen.

Ich grüßte Es Vedrà vom Flieger aus – so, wie es sein muss – und wusste mit einem Mal bei aller Ibiza-Liebe: Ich war keine Pflanze für ein dauerhaftes Leben hier.

Ich war keine Juanita und zum Glück auch keine Anastacia. Und zum ersten Mal konnte ich mir eingestehen, dass ich eben die war, die ich war. Anne – ohne Jetset, ohne Dauersonne, ohne Esoterik.

# *epílogo*

Zurück auf dem Festland, hatte ich mit Startschwierigkeiten zu kämpfen. Die Promenade an der Saar konnte meine Lieblingsstrände nicht ersetzen. Ich litt am Sprachenwirrwarr in meinem Kopf. Vermischte Englisch, Saarländisch, Spanisch und Französisch im Traum und hatte in den ersten Tagen Probleme, Pressemeldungen in korrektem Deutsch zu schreiben. Auch der veränderte Tagesrhythmus machte mir zu schaffen.

Auch mit stark befahrenen Straßen hatte ich anfangs ein Problem. War ich doch nun die Schlängel-Landstraßen auf Ibiza gewohnt.

Ich wachte morgens gerädert auf, wenn mein Wecker um sieben klingelte. Und konnte abends nicht vor 21.00 Uhr essen. Meine Freunde tuschelten hinter vorgehaltener Hand, und ich fand es ziemlich ungerecht, dass die Ibiza-Facette nicht Einzug in mein Leben halten sollte.

* * *

Während ich diese Zeilen schreibe, sind einige Jahre ins Land gegangen.

Natürlich habe ich ganz ausgezeichnete Souvenirs mitgebracht. Fotos, Ideen, wie ich leben will, und ganz praktische Dinge wie Salz aus Ibiza, das ich an jedes Gericht streue.

Oder der Kaffee, mit dem ich morgens erst richtig fit bin.

Und natürlich Juanitas Aioli-Rezept, das ich euch nicht vorenthalten möchte:

Aioli à la Juanita – R.I.P.

Man benötigt:

6 Zehen Knoblauch
1 Ei
150 ML Olivenöl
1 TL Senf
einen Schuss Zitronensaft
eine Prise Pfeffer und natürlich eine Prise Sal de Ibiza
Wer möchte, kann noch ein paar gehackte Kräuter nach Belieben hinzufügen.

Alle köstlichen Zutaten gibt man auf einmal in ein hohes Gefäß – würzen natürlich nach Gusto.

Dann nimmt man – ganz neumodisch – einen Pürierstab zu Hilfe, den man keinesfalls auf und ab bewegt, sondern zunächst die Ruhe bewahrt, einschaltet und unten am Boden des Gefäßes hält, bis sich eine cremige Masse bildet.

Erst dann – und wirklich erst dann – bewegt man den Zauberstab mit höchster Vorsicht auf und ab, bis die gewünschte Konsistenz hergestellt ist.

Ich liebe die Aioli besonders fest, aber das ist Geschmackssache.

Köstlich ist sie allemal. Und sooft sich eine Gelegenheit bietet, bereite ich das köstliche Souvenir zu. Besorge Oliven und frisches Brot. Und genieße.

Auch der Einrichtungsstil versüßt unser Zuhause. Marokkanische Laternen, die Bilder, die ich gemalt habe. Diverse Buddha-Statuen, die mich jeden Tag daran erinnern, die Dinge gelassener zu sehen. Oder das Verlangen nach einem wilden verwunschenen Garten, das bei unserer aktuellen Haussuche ein besonderes Kriterium wurde.

Okay, ein Pool wäre auch eine Option – den findet man auf Ibiza selbst in den schäbigsten Mietskasernen all inklusive.

Mein Kleidungsstil hat sich ebenfalls verändert. Weiß und Hippie-bunt haben in meinen Kleiderschrank Einzug gehalten und sind daraus nicht mehr wegzudenken.

Die kleinen geflochtener Lederarmbänder mit Anhängern vom Hippiemarkt sind mir wichtiger als jeder Juwel. Und ... die yogischen Pumphosen vom Hippiemarkt trage ich an düsteren Wintertagen mit größtem Vergnügen.

Mit ein paar Jahren Abstand habe ich begriffen, was damals mit mir passiert ist – in diesem merkwürdigen, anstrengenden und wunderschönen Jahr. Ich bin erwachsen geworden.

Ich habe gelernt, was es heißt, sich in einem Land durchzuschlagen – anfangs, ohne die Sprache zu kennen.

Ich habe meine Vision über Bord geworfen, jemals eine Einheimische auf Ibiza sein zu können. Ich wurde zurückgeworfen auf meine deutsche Herkunft, vor der ich zuvor davongelaufen war.

Ich konnte sie annehmen. Und heute bin ich überzeugt von meiner Heimat. Nicht davon, dass hier immer alles richtig läuft. Aber davon, dass es verdammt schön ist, eine Heimat zu haben, in die man gerne zurückkehrt.

Ohne mein Jahr auf Ibiza hätte ich vermutlich niemals dieses Gefühl gehabt und wäre ewig auf der Suche gewesen – nach einem Platz, der mich glücklich macht.

Ich bin heute überzeugt, dass man an jedem Heimatort der Welt – und sei er noch so vermeintlich spießig – die beste Party der Welt feiern kann, mit den besten Menschen, die man liebt, mit sich selbst, wenn man sich annimmt.

Natürlich verreise ich viel, bin gerade im Saarland, ein Kind der deutsch-französischen Grenze, das auch immer den Blick zum Nachbarn braucht, und natürlich bin ich noch oft auf Ibiza zu Gast.

Aber ich bleibe dort Gast.

Vielleicht ein Tourist, der zufällig ein paar Freunde auf der Insel hat, der sich der magischen Anziehung Ibizas nicht entziehen kann und sich niemals verfährt, obwohl Straßennamen und Hausnummern nach wie vor rar gesät sind.

Ibiza ist ein kleines abgeschlossenes Universum. Und genau deshalb empfehle ich jedem, dort sein Urlaubsglück zu versuchen.

Egal ob Rentnerpaar, frisch verliebt, auf Abi-Fahrt oder auf der Suche nach der Erleuchtung. Auf Ibiza ist jeder willkommen. Hier findet jeder seinen Platz.

Ibiza ist keine Sonnen-, keine Yoga-, keine Hippie- und keine Party-Insel. Sie ist auch kein ausgesprochener Anlegeplatz für den Luxus dieser Welt und vermutlich auch nicht der perfekte Altersruhesitz.

Nein, Ibiza ist all das und noch viel mehr. Was Ibiza wirklich für jeden persönlich bedeutet, das gilt es gefälligst selbst herauszufinden. Das lässt sich nicht be- und auch nicht vorschreiben.

Ibiza ist das, was du draus machst.